Korea Bebras Challenge 2023

비버챌린지와 함께하는
컴퓨팅 사고와 정보과학

2023년도 기출문제집

초등학생용

주최 한국비버정보교육연합(Bebras Informatics KOrea, BIKO)
주관 한국비버챌린지(Bebras Korea)
후원 넥슨(Nexon), 한국과학창의재단, 한국교육방송공사(EBS), 한국정보교사연합회, 한국정보과학회, 한국컴퓨터교육학회, 한국정보교육학회, 아주대SW중심대학사업단, 생능출판사

집필진

김동윤 (아주대학교)	김학인 (한성과학고등학교)	전현석 (경기과학고등학교)
김도용 (인천석정초등학교)	박아영 (양주산북초등학교)	정상수 (경기과학고등학교)
김슬기 (안산원곡초등학교)	예홍진 (아주대학교)	정웅열 (백신중학교)
김인주 (한밭초등학교)	이정진 (인천경원초등학교)	조병규 (제천명지초등학교)
김지혜 (충청북도교육청)	임건웅 (보람고등학교)	
김태훈 (제주대흘초등학교)	전용주 (국립안동대학교)	

비버챌린지와 함께하는
컴퓨팅 사고와 정보과학
2023년도 기출문제집(초등학생용)

초판 1쇄 인쇄 2024년 3월 12일
초판 1쇄 발행 2024년 3월 15일
지은이 한국비버챌린지(Bebras Korea)
펴낸이 김승기
펴낸곳 (주)생능출판사 / **주소** 경기도 파주시 광인사길 143
출판사 등록일 2005년 1월 21일 / **신고번호** 제406-2005-000002호
대표전화 (031)955-0761 / **팩스** (031)955-0768
홈페이지 www.booksr.co.kr
책임편집 최동진 / **편집** 신성민, 이종무 / **디자인** 유준범(표지디자인)
영업 최복락, 김민수, 심수경, 차종필, 송성환, 최태웅, 김민정
마케팅 백수정, 명하나
ISBN 979-11-92932-44-6 (03000)
정가 13,000원

- 이 책의 저작권은 (주)생능출판사와 지은이에게 있습니다. 무단 복제 및 전재를 금합니다.
- 잘못된 책은 구입한 서점에서 교환해 드립니다.

 비버챌린지(Bebras Challenge)란?

비버챌린지는 컴퓨팅 사고(Computational thinking)와 정보과학(Informatics)을 경험할 수 있는 전 세계인의 축제입니다.
- 특별한 사전 지식이 없어도 누구나 도전할 수 있습니다.
- 컴퓨터 기반 테스트(CBT) 환경을 통해 어디에서나 쉽게 참여할 수 있습니다.
- 비버챌린지의 모든 문제는 컴퓨팅 사고를 통해 해결 가능한 흥미롭고 재미있는 상황을 담고 있습니다.

 비버챌린지 그룹

비버챌린지는 학생들의 연령과 수준을 고려하여 6개 그룹으로 구분되어 있습니다.

구분	대상	문항수	시험시간
그룹 Ⅰ	초등학교 1~2학년	8문항	30분
그룹 Ⅱ	초등학교 3~4학년	10문항	35분
그룹 Ⅲ	초등학교 5~6학년	10문항	35분
그룹 Ⅳ	중학교 1학년	12문항	40분
그룹 Ⅴ	중학교 2~3학년	12문항	40분
그룹 Ⅵ	고등학교 1~3학년	12문항	45분

 비버챌린지는 순위를 매기지 않습니다.

비버챌린지는 컴퓨팅 사고를 즐기며 도전하는 데 의의를 둡니다. 따라서 개인 석차나 백분율은 제공하지 않습니다. 또한 참가 학생들의 개인 정보를 제외한 응시 결과는 정보(SW)교육 발전을 위한 연구에 활용합니다.

한국비버챌린지(Bebras Korea)란?

비버챌린지는 세계 최고의 정보과학 & 컴퓨팅 사고력 축제입니다.

- 한국비버챌린지는 우리나라 정보(SW·AI) 교육을 위해 봉사하는 현직 교사·교수들로 조직된 비영리 단체입니다.
- 한국비버챌린지는 비버챌린지 문제 개발 및 챌린지 운영, 정보(SW·AI) 교육 연구, 교재 집필, 교사 연수 및 학생 캠프 강의 등의 역할을 수행하고 있습니다.
- 한국비버챌린지(www.bebras.kr)는 국제비버챌린지(www.bebras.org)의 공식 회원국이 된 대한민국을 대표하여 다양한 국제 협력 활동에 적극 참여하고 있습니다.

1단계

💬 신청하기 (9~10월경)

- 비버챌린지에 도전하기 위해서는 회원가입과 참가신청이 필요합니다.
  ▶ 로그인/회원가입
  ▶ 참여하기 ▶ 참가신청

2단계

💬 연습하기

- 기출문제를 체험하면서 비버챌린지 문항 및 응시 방식에 적응할 수 있습니다.
- 예시문항은 누구나 상시 체험 가능하며, 참가 학생들은 모든 기출문제를 1년간 체험할 수 있습니다.
  ▶ 참여하기 ▶ 연습하기 ▶ 응시코드 입력

3단계

💬 도전하기 (10~11월경)

- 성적에 관계없이 도전하기에 참가한 모든 학생에게 이수증을 발급합니다.
- 도전하기 기간이 끝난 이후에는 응시결과 확인, 설문 참여, 문제 다시 풀어보기가 가능합니다.
  ▶ 참여하기 ▶ 도전하기 ▶ 응시코드 입력

4단계

💬 해설 강의 보기 (상시)

- 비버챌린지 유튜브 채널에서 그룹별, 문항별 정답 및 풀이를 확인할 수 있습니다.
  ▶ www.youtube.com/bebraskorea 접속하기

한국비버챌린지에서는 본문의 문제와 관련된 유튜브 동영상 강의를 제공하고 있습니다.

① 웹브라우저를 이용해 한국비버챌린지 유튜브 채널에 접속합니다.
www.youtube.com/bebraskorea/

② 재생목록 탭을 클릭합니다.

③ 재생목록의 이름을 통해 연도와 그룹에 맞는 재생목록을 클릭합니다.

온라인 무료 학습공간 BIKO 소개

배우고 싶었던 프로그래밍 교육
학교에서 들은 수업만으로는 부족함을 느끼지 않으셨나요?
프로그래밍을 더 알고 싶은데 공부할 기회가 없었나요?

누구나 무료로 배울 수 있는 학습의 기회를 제공하기 위해 BIKO가 탄생했어요!
컴퓨팅 사고력은 물론 창의력, 문제 해결 능력까지 키워보세요.
프로그래밍 첫 발걸음, 프로그래밍 기초부터 심화 과정까지
내 수준에 맞춰 공부할 수 있어요.
BIKO의 프로그래밍 학습으로 내가 상상한 것들을 현실로 만들어 보세요.

BIKO에서 제공하는 다양한 콘텐츠들과 프로그래밍 문제들을 통해
단계적으로 학습하며 프로그래밍의 즐거움을 느껴보세요!
(BIKO는 C/C++, Python 등의 텍스트 기반 언어를 사용합니다.)

비버 챌린지

코딩 초보도 환영! 게임 같이 재밌는 문제를 풀어 보며,
기초 학습과 컴퓨팅 사고력을 기를 수 있어요.

빈칸 챌린지

프로그래밍 언어를 몰라도 괜찮아요.
오직 BIKO에서만 풀 수 있는 빈칸 채우기 문제로 텍스트 코딩을 배워보세요.

프로그래밍 챌린지

BIKO에서 배운 코딩 능력으로
국내 프로그래밍 대회의 기출문제도 도전해 보세요!

www.biko.kr

향상된 컴퓨팅 사고력으로 미래의 IT시대를 만들어 가는 프로그래밍 리더가 되어 보세요.
여러분이 바로 프로그래밍을 통해 세상을 바꾸는 새로운 주인공입니다.

BIKO는 대한민국 정보교육의 발전을 위해 헌신하는 정보교사 및 교수진으로 조직된 비브라스 코리아와 탄탄한 개발력과 크리에이티브를 바탕으로 글로벌 게임 산업을 선도하는 넥슨이 함께 만들어 갑니다.

* BIKO는 'Bebras Informatics Korea'를 줄여서 부르는 말입니다.

차례

비버챌린지 소개	3
유튜브 동영상 강의 안내	6
온라인 무료 학습공간 BIKO 소개	7
그룹 Ⅰ : 초등학교 1~2학년용	11
그룹 Ⅱ : 초등학교 3~4학년용	21
그룹 Ⅲ : 초등학교 5~6학년용	33
정답 및 해설	45
그룹 Ⅰ 해설	46
그룹 Ⅱ 해설	56
그룹 Ⅲ 해설	70

이 책의 활용 방법

5단계 학습 방법

1단계 — 문제의 배경
문제를 풀기 전 주어진 상황을 알아봅니다.

문제 파트

2단계 — 문제 / 도전
앞의 상황과 문제에 주어진 조건을 연결하여 문제를 풀어봅니다.

3단계 — 설명
앞에서 풀어본 문제의 풀이 과정을 자세히 확인합니다.

해설 파트

4단계 — 핵심 주제 및 참고 웹사이트
문제에 정보과학의 어떤 주제가 담겨 있는지 확인하고, 참고 웹사이트를 방문하여 개념을 이해합니다.

5단계 — 문제 속의 정보과학
문제 속에 담긴 정보과학의 주제와 문제가 구체적으로 어떻게 연결되는지 알아봅니다.

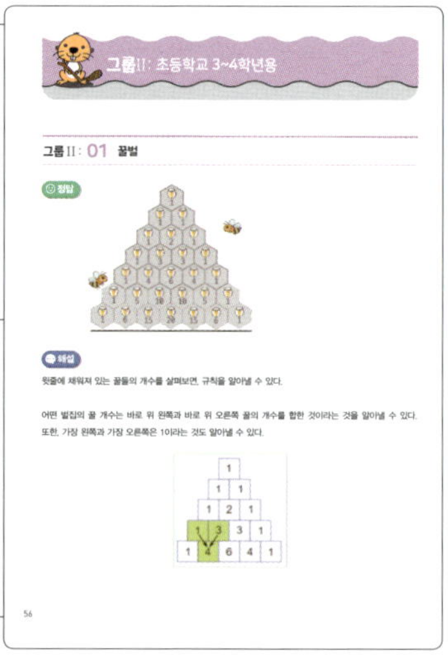

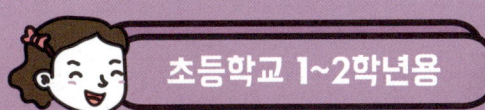

01 안나의 우산 | 02 과일 조각 | 03 민지의 햄버거 만들기 | 04 비버와 수달
05 가장 긴 모자 쓰기 대회 | 06 비버 행성 외계인 | 07 마스크 축제 | 08 보물 찾기

01 안나의 우산

[초등학교 1~2학년용]

2023-CH-01_Umbrella

스위스(Switzerland)

문제의 배경

아래 그림은 안나의 우산을 위에서 본 모습이다.

문제 / 도전

다음 중 안나의 우산을 옆에서 본 모습을 찾으시오.

A)

B)

C)

D)

02 과일 조각

2023-CH-01_Sliced apples

스위스(Switzerland)

문제의 배경

5개의 씨가 별 모양으로 들어 있는 과일이 있다.

과일 4개를 옆으로 자른 다음, 각 접시에 과일 조각을 1개씩 올려놓았다.

과일을 옆으로 자르면 과일의 씨는 잘리지 않고, 두 조각 중 한 조각에 달라 붙어 있다.

문제 / 도전

나머지 과일 조각을 찾아, 비어 있는 곳에 그리시오.

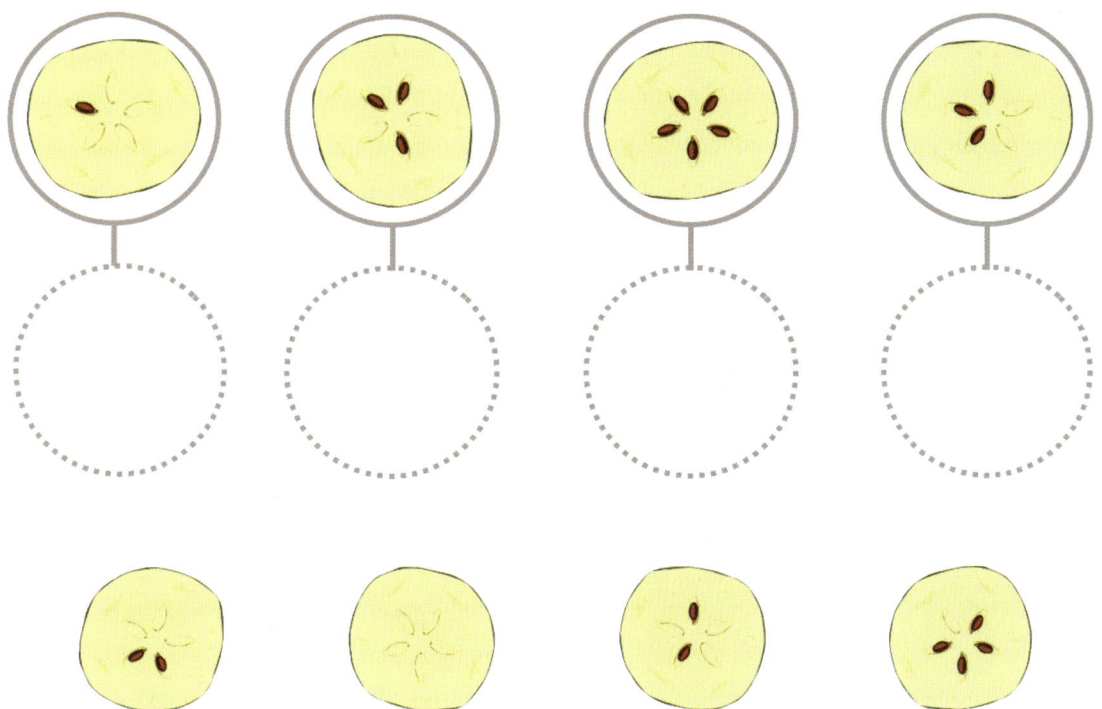

03. 민지의 햄버거 만들기

일본(Japan)

2023-JP-05_Hamburger Shop

문제의 배경

민지는 맛있는 햄버거를 만들기 위해서 햄버거 재료들을 순서대로 한 장씩 쌓아보고 있다.
정수는 민지가 햄버거를 만들면서 쌓거나 빼는 재료들을 아래 그림처럼 순서대로 기록했다.

 는 가장 위에 놓여 있는 햄버거 재료를 빼서 버린 것을 의미한다.

문제 / 도전

만들어진 햄버거를 고르시오.

A)    B)    C)    D)

[초등학교 1~2학년용]

비버와 수달

 대한민국(Korea)

2023-KR-01_The Beavers and the Others

문제의 배경

비버(🦫)들은 비버들끼리, 수달(🦦)들은 수달들끼리 함께 모여서 살 수 있도록 땅을 2개로 나누려고 한다.

문제 / 도전

다음과 같이 땅을 4개 방법으로 나누어 보았다. 선을 넘어 다른 땅으로 이동해야 하는 비버와 수달이 가장 적은 방법을 고르시오.

A)

B)

C)

D)

[초등학교 1~2학년용]

05 가장 긴 모자 쓰기 대회

리투아니아(Lithuania)

2023-LT-01_Sort the beaver by hats

문제의 배경

5마리의 비버들이 길이가 서로 다른 모자를 쓰고 있다.

문제 / 도전

가장 짧은 모자를 쓴 비버부터 가장 긴 모자를 쓴 비버까지, 왼쪽에서부터 모자 길이가 점점 길어지는 순서로 비버를 줄 세우도록 비버의 번호를 순서대로 제시하시오.

짧은 모자 ◀----------▶ 긴 모자

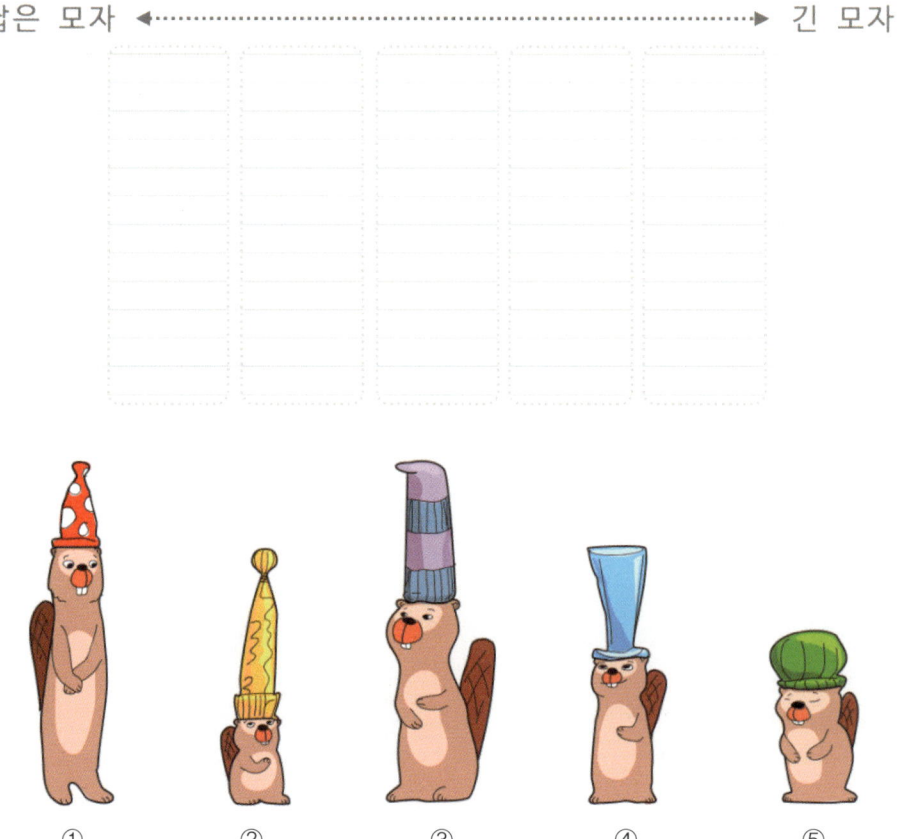

[초등학교 1~2학년용]

비버 행성 외계인

튀르키예(Turkey)

2023-TR-02_Friendly Aliens

 문제의 배경

엘리스는 우연히 외계인 우주선(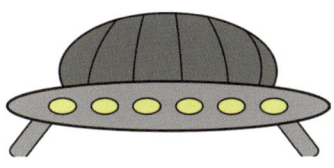)에서 5명의 외계인이 내리는 것을 보게 되었다.

엘리스는 2개의 팔과 2개의 다리가 있는 외계인이 몇 명인지 세어 보았다.

 문제 / 도전

외계인 우주선에서 내린 5명의 외계인이 아래 그림과 같을 때, 2개의 팔과 2개의 다리가 있는 외계인이 몇 명인지 고르시오.

A) 1명 B) 2명 C) 3명 D) 4명

[초등학교 1~2학년용]

07 마스크 축제

우루과이(Uruguay)

2023-UY-02_Carnival

문제의 배경

눈 모양과 입 모양을 골라 가면을 만들 수 있다.

문제 / 도전

아래 그림에서 물음표(?) 위치에 만들어지는 가면을 고르시오.

A)    B) 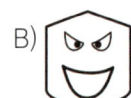   C)    D)

[초등학교 1~2학년용]

보물 찾기

2023-UY-04_Hidden treasure

우루과이(Uruguay)

문제의 배경

비버들이 매우 특별한 보물을 찾다가 보물을 찾아가는 순서(1~4)와 지도를 발견했다.

문제 / 도전

다음은 보물을 찾아가는 순서(1~4)이다. 지도에서 보물이 있는 칸을 찾아 O표 하시오.

1. 별(⭐) 위치에서 출발해서
2. 아래(▼) 방향으로 4칸만큼 이동하고
3. 오른쪽(▶)방향으로 4칸만큼 이동하고
4. 아래(▼) 방향으로 1칸만큼 이동한다.

01 꿀벌 | 02 가장 긴 모자 쓰기 대회 | 03 수민이가 사는 꿈의 집
04 타일 땅따먹기 게임 | 05 친환경 비버 | 06 체인코딩 | 07 공항 체크인
08 비버 대표 뽑기 | 09 극장 | 10 선물 고르기

[초등학교 3~4학년용]

01 꿀벌

아르헨티나(Argentine)

2023-AR-01_Honeybees

문제의 배경

어떤 꿀벌들이 위에서 아래로 내려가면서, 어떠한 규칙을 만들며 벌집에 꿀을 채워나간다.

문제 / 도전

이미 채워져 있는 벌집을 참고해서, 비어 있는 벌집에 들어갈 수를 쓰시오.

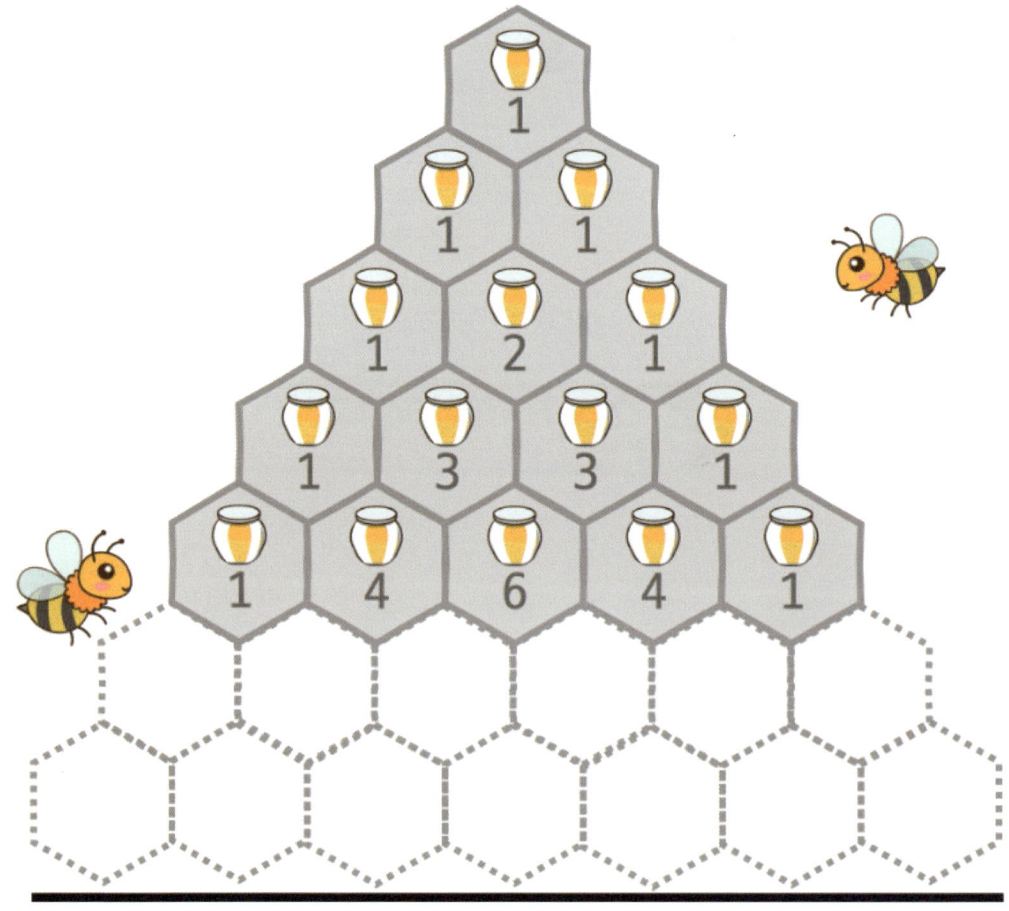

[초등학교 3~4학년용]

02 가장 긴 모자 쓰기 대회

리투아니아(Lithuania)

2023-LT-01_Sort the beaver by hats

문제의 배경

5마리의 비버들이 길이가 서로 다른 모자를 쓰고 있다.

문제 / 도전

가장 짧은 모자를 쓴 비버부터 가장 긴 모자를 쓴 비버까지, 왼쪽에서부터 모자 길이가 점점 길어지는 순서로 비버를 줄 세우도록 비버의 번호를 순서대로 제시하시오.

짧은 모자 ◄----------------------------------► 긴 모자

①

②   ③

④

⑤

03 수민이가 사는 꿈의 집

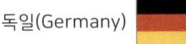

독일(Germany)

2023-DE-04_Kala's Dream House

문제의 배경

수민이는 자기가 살고 있는 마을에 대한, 서로 다른 내용의 지도를 3장 가지고 있다.
한 장에는 숲이 그려져 있고, 다른 한 장에는 강이 그려져 있으며, 나머지 한 장에는 집들이 그려져 있다.

문제 / 도전

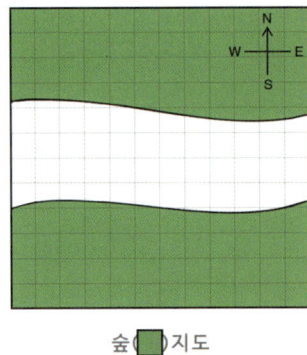
숲(■)지도

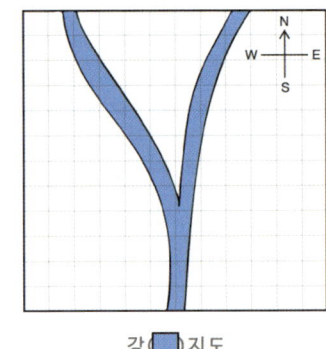
강(■)지도

수민이의 집은 숲속에 있고, 강에 가까이 있다. 집(■) 지도에서 수민이의 집을 찾아 O표 하시오.

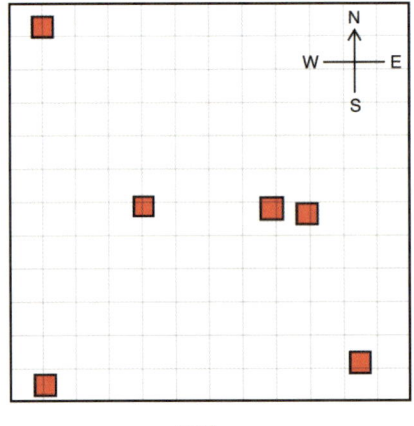
집(■)지도

[초등학교 3~4학년용]

타일 땅따먹기 게임

2023-DE-06_Tile Land

독일(Germany)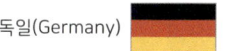

문제의 배경

에듀는 그림이 그려져 있는 타일 맞추기 게임을 가지고 있다. 타일에는 바다(■)와 땅(■)이 그려져 있다.

타일들은 바다와 땅의 모양이 서로 맞는 경우에만 이어 붙일 수 있다.

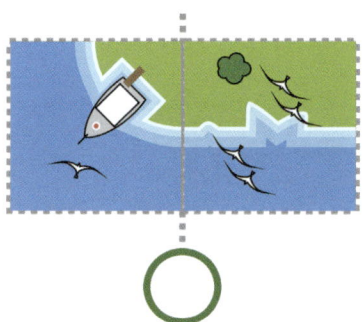

문제 / 도전

바다(■)와 땅(■)의 모양이 맞도록 괄호에 알맞은 타일 번호를 쓰시오.

①    ②    ③    ④    ⑤    ⑥

[초등학교 3~4학년용]

05 친환경 비버

대한민국(Korea)

2023-KR-02_Eco-friendly Beaver

문제의 배경

환경 보호를 위해서 여러 가지 물건에 들어가는 건전지를 적게 사용하려고 한다.

문제 / 도전

건전지( )를 모두 합하여 9개 이하로 사용하도록, 물건 4개를 고르시오.

[초등학교 3~4학년용]

06 체인코딩

리투아니아(Lithuania)

2023-LT-05_Chain-coding

문제의 배경

비버들이 격자 판 모양의 땅에서 자기 땅을 표시하기 위해서 특별한 코드를 사용한다.

어떤 칸에서 처음 시작해서 자기 땅을 한 바퀴 돌면서, 처음에 시작한 칸에 도착하면 끝나는데, 지나온 칸들을 오른쪽과 같은 숫자를 이용해서 표현한다.

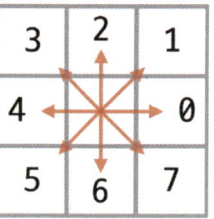

예를 들어, 아래처럼 이동하는 칸에 대한 방향 번호를 순서대로 써서 표현할 수 있다.

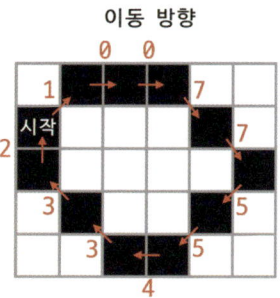

문제 / 도전

오른쪽 그림을 코드로 표현한 것을 고르시오.

A) 1, 1, 0, 0, 7, 7, 6, 6, 5, 5, 4, 4, 3, 3, 2, 2
B) 6, 7, 7, 7, 1, 1, 1, 1, 2, 3, 3, 3, 4, 5, 5, 5
C) 1, 1, 1, 0, 7, 7, 7, 6, 5, 5, 5, 4, 3, 3, 3, 2
D) 0, 1, 1, 0, 7, 7, 7, 6, 5, 5, 5, 4, 3, 3, 3, 0

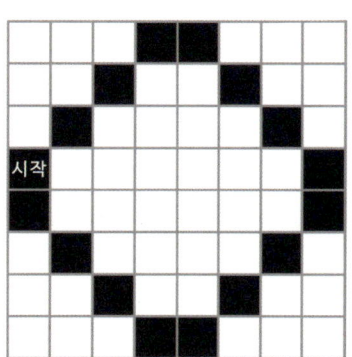

[초등학교 3~4학년용]

공항 체크인

2023-PK-08_Airport Luggage Check-in

파키스탄(Pakistan)

 문제의 배경

공항에 가면 비행기를 타기 전에 무거운 짐을 맡길 수 있다. 체크인 카운터에서 짐을 맡기면 컨베이어 벨트를 따라 짐이 이동한다.

카운터에 있는 사람이 A1, A2, A3 버튼(●)중 하나를 한 번 누르면, 이동 방향(↑)을 따라서 짐이 위로 이동한다. 짐이 가장 위로 이동하면, 오른쪽 방향(▶)으로 들어간다.

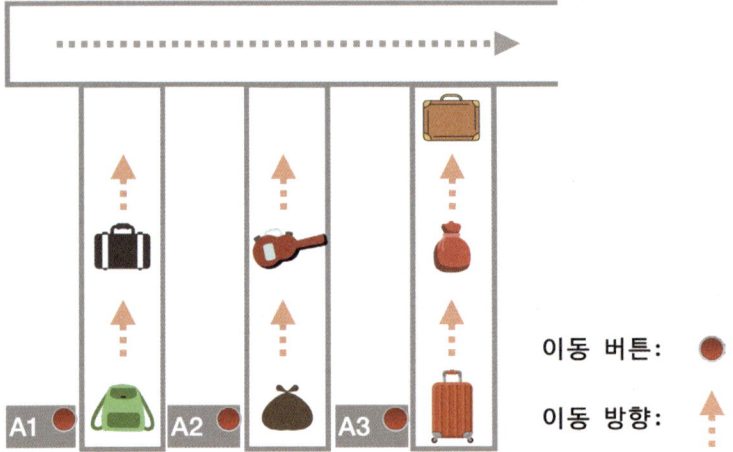

 **문제 / 도전**

모든 짐이 들어간 순서로 맞는 것을 고르시오.

A)

B)

C)

D)

[초등학교 3~4학년용]

08 비버 대표 뽑기

사우디아라비아(Saudiarabia)

2023-SA-02_Classifying the Beavers

문제의 배경

비버 대회에 출전할 대표 선수를 새로 뽑아야 한다.
지난 대회에 출전했던 선수들의 사진, 나이, 키, 몸무게, 출전 결과에 대한 정보가 다음과 같다.

번호	사진	나이	키	몸무게	출전 결과
1		1	4	5	
2		1	3	6	🏅
3		2	3	5	🏅
4		1	4	6	

문제 / 도전

어떤 정보를 기준으로 대표 선수를 뽑아야, 다음 대회에 메달(🏅)을 딸 가능성이 높을지 고르시오.

A) 나이   B) 키   C) 몸무게

극장

태국(Thailand)

2023-TH-01a_Theater

문제의 배경

다섯 명의 비버 친구들(신디, 데이브, 밥, 앨리스, 엘런)이 함께 영화관에 가서 아래 의자에 나란히 앉았다.

누가 어디에 앉았는지 알 수 없었지만, 친구들이 이야기한 정보는 다음과 같다.

- 신디는 데이브보다 작은 의자에 앉았다.
- 밥은 신디보다 작은 의자에 앉았다.
- 앨리스는 밥보다 작은 의자에 앉았다.
- 데이브는 엘런보다 작은 의자에 앉았다.

문제 / 도전

3번 의자에 누가 앉았는지 보기에서 고르시오.

A) 앨리스   B) 밥   C) 신디   D) 데이브   E) 엘런

[초등학교 3~4학년용]

10 선물 고르기

2023-HU-03_Gift Selection

헝가리(Hungary)

문제의 배경

마디나의 반에 새로 학생이 전학을 왔다.

마디나와 친구들은 새로 전학 온 학생에게 깜짝 선물을 주기로 하고, 몇 가지 질문을 해서 어떤 선물을 줄 것인지 결정하기로 했다.

문제 / 도전

질문에 따라 가장 알맞은 선물을 배치시키시오.

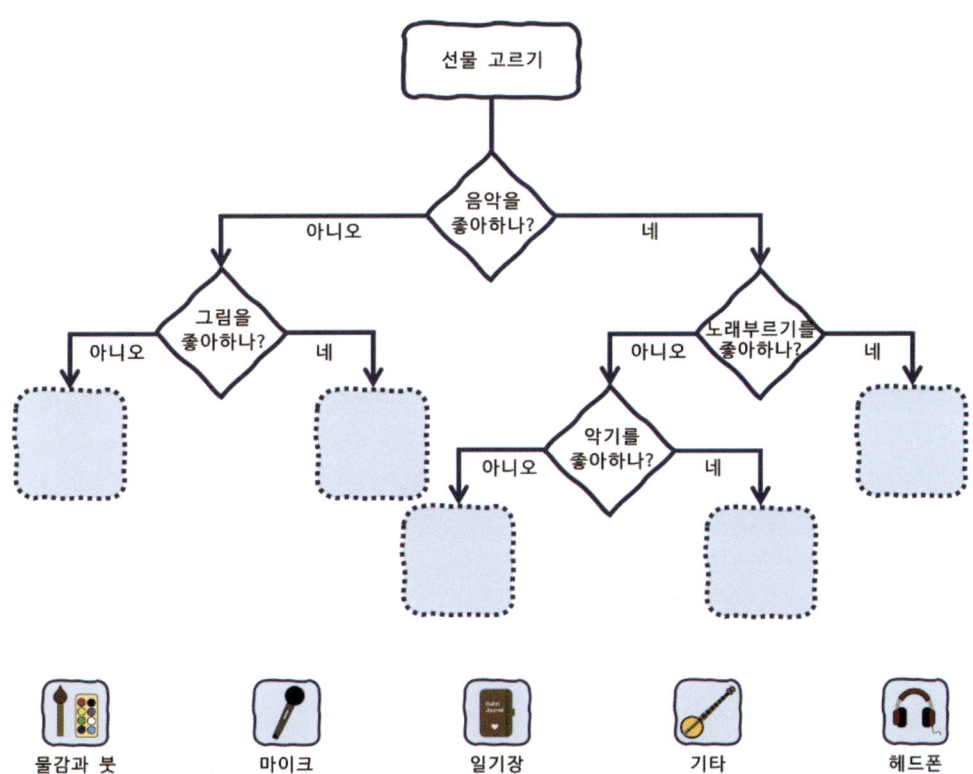

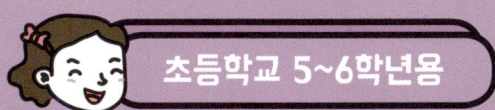

초등학교 5~6학년용

01 자율주행자동차 | 02 식물심기 | 03 마법의 나무 | 04 섬나라 이동
05 오검 문자 암호 | 06 비버 나라 지폐 | 07 투명 막대 회전 게임 | 08 제어 레버
09 보물찾기 | 10 잉크 전파

01 자율주행자동차

[초등학교 5~6학년용]

스위스(Switzerland)

2023-CH-01_Umbrella

문제의 배경

티모시가 자율주행자동차를 타고 여행 중이다.

그런데 최근에 업데이트한 자율주행 소프트웨어에 매우 큰 오류가 있다.

회전() 교차로에 진입하면, 시계 반대 방향으로 회전하다가 3번째 출구로만 나간다. 그리고 십자(➕) 교차로와 티자(T) 교차로에서도 항상 특정 방향으로만 이동한다.

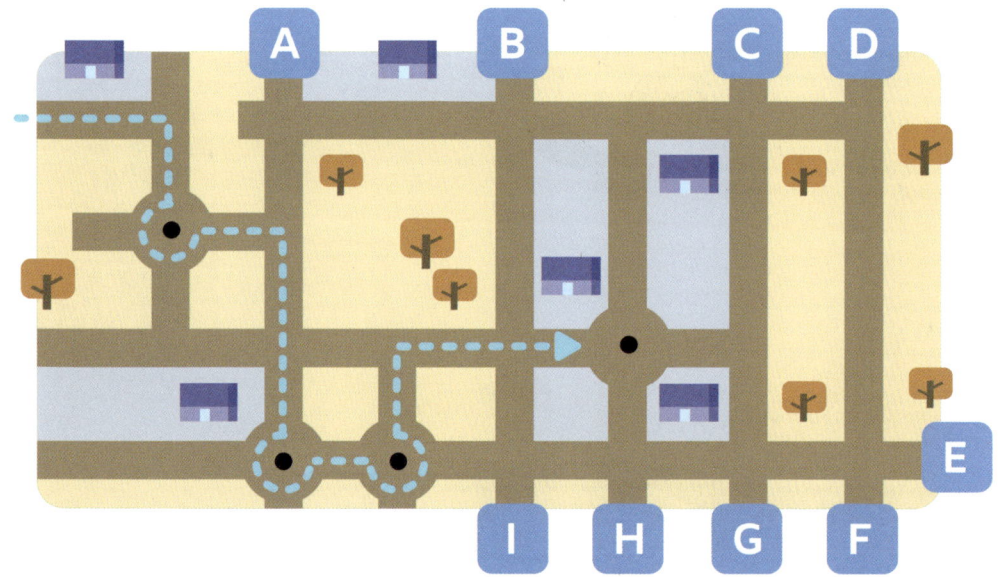

문제 / 도전

자율주행자동차가 도착하게 될 위치의 (   )알파벳을 쓰시오.

식물심기

호주(Australia)

2023-AU-01_Companion Planting

탈리아는 정원에 마늘( ), 토마토( ), 꽃( ), 옥수수( ), 콩( )을 심어 키우고 있다. 식물들은 서로 간에 성장을 돕거나( ), 성장을 방해( ) 할 수 있다. 아래 표는 식물들끼리의 관계를 보여준다.

〈 성장을 돕는 관계 〉

〈 성장을 방해하는 관계 〉

문제 / 도전

탈리아의 정원은 15칸의 육각형 땅으로 나누어져 있고, 각 땅에는 하나의 식물을 심을 수 있다.
아래의 두 가지 조건을 모두 만족하도록 모든 식물들을 빈칸에 배치시키시오.
조건 1) 서로 인접한 식물 중에서 1개 이상 성장을 돕는 관계가 있어야 한다.
조건 2) 서로 인접한 식물 중에서 성장을 방해하는 관계가 없어야 한다.

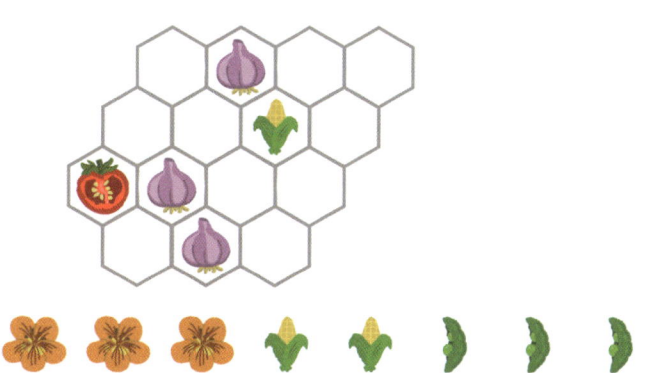

[초등학교 5~6학년용]

03 마법의 나무

2023-CA-01_Magic Tree

캐나다(Canada)

문제의 배경

베인이 살고 있는 집 앞에는 마법의 나무가 있다.

- 새( )가 나무에 한 번 왔다가 갈 때마다 사과 2개가 새로 생긴다.
- 다람쥐( )가 나무에 한 번 왔다가 갈 때마다 사과 1개가 바닥으로 떨어진다.
- 뱀( )이 나무에 한 번 왔다가 갈 때마다 모든 사과가 바닥으로 떨어진다.

문제 / 도전

어느 날 아침에 마법의 나무에 25개의 사과가 있었는데, 다음과 같은 순서대로 나무에 동물들이 왔다가 갔다.

마법의 나무에 몇 개의 사과가 남아 있는지 고르시오.

A) 3개

B) 7개

C) 17개

D) 31개

04 섬나라 이동

중국(China)

2023-CN-03_Treasure Island

문제의 배경

비버 빌은 여러 개의 섬으로 이루어진 섬나라에서 방학을 보내고 있다.

섬나라에는 2종류의 배들이 운항을 하는데, 운항 노선과 배의 종류가 다음 그림과 같다.

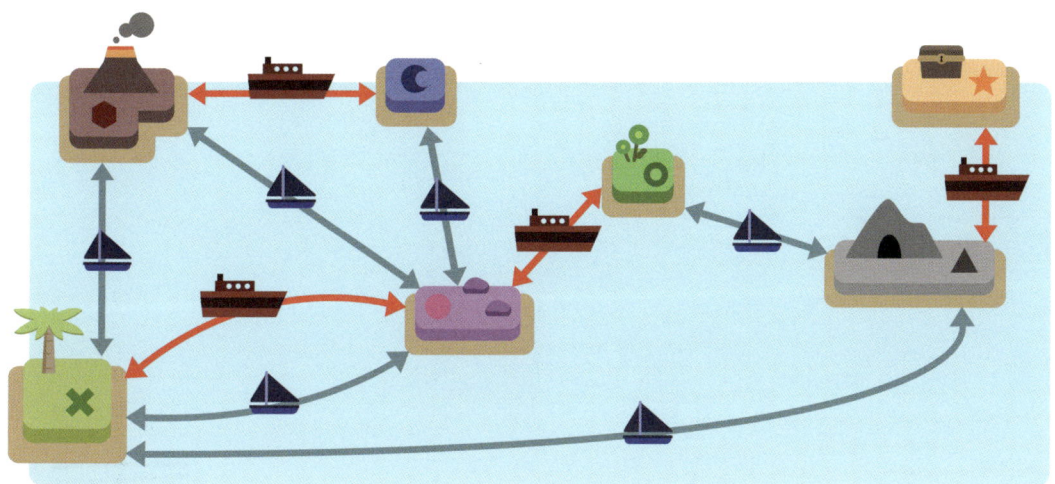

문제 / 도전

다음 중  섬에서 시작해서, 마지막에  섬으로 도착할 수 <u>없는</u> 방법을 고르시오.

A)

B)

C)

D)

[초등학교 5~6학년용]

오검 문자 암호

2023-IE-02a_Ogham code

아일랜드(Ireland)

 문제의 배경

에바와 루아이리는 오검(Ogham)이라고 부르는 아일랜드 문자와 단어를 학교에서 배웠다.
오검 문자들은 여러 개의 선이 몇 개씩 모여있는 형태로 만들어져 있고, 맨 밑에서 위로 올라가며 단어를 읽는다.
에바는 오검 문자로 BREAD, ORANGES, EGGS, CHEESE를 만들어 루아이리에게 보여주었다.

 문제 / 도전

오검 문자가 의미하는 단어를 찾아 빈칸에 쓰시오.

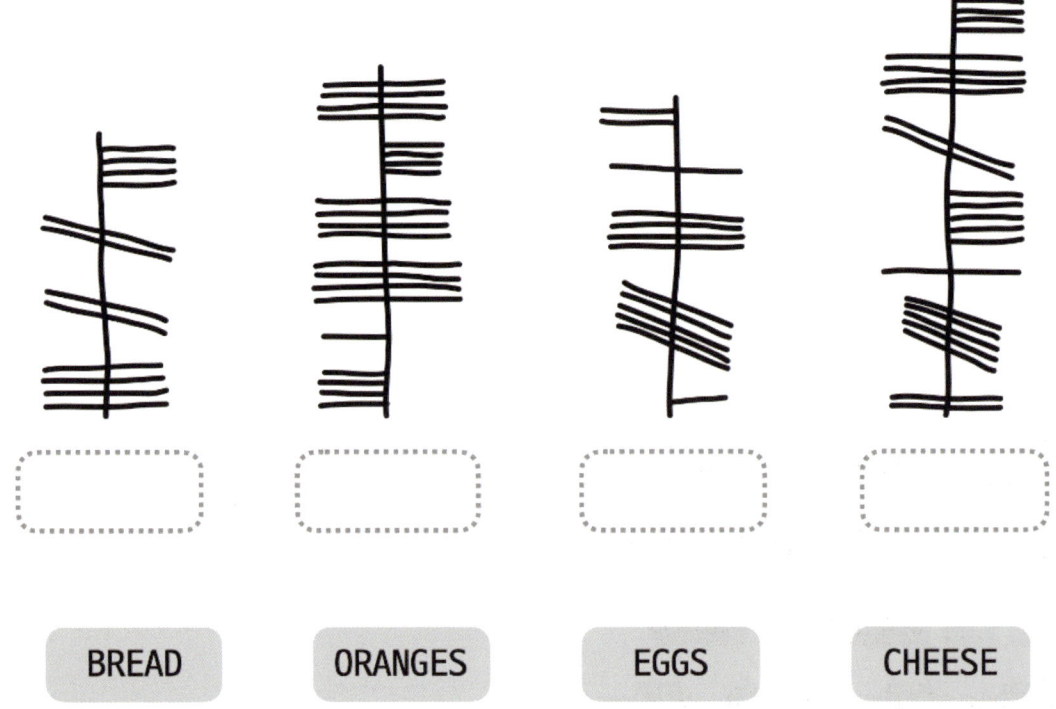

비버 나라 지폐

2023-KR-04_Vending machine

대한민국(Korea)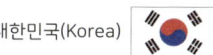

비버 나라의 4가지 돈에는 4×4 격자 모양의 사각형 무늬가 다음과 같이 인쇄되어 있다.

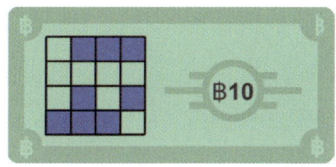
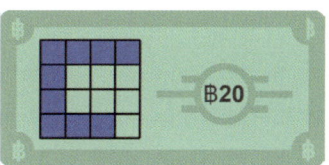
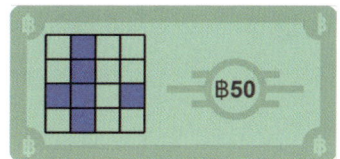
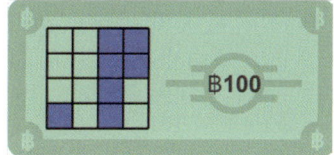

비버 나라 자판기는 1 , 2 , 6 칸의 색을 검사해서 4가지 금액을 구분할 수 있다.

1	2	3	4
5	6	7	8
9	10	11	12
13	14	15	16

1 **2** 6 ······▶ ₿10
1 2 6 ······▶ ₿20
1 **2** **6** ······▶ ₿50
1 2 6 ······▶ ₿100

문제 / 도전

영리한 비버는 두 칸의 색만 검사해서도 4가지 금액을 구분할 수 있다는 것을 알아냈다. 다음 중 두 칸으로 알맞은 것을 찾으시오.

A) 1 , 2   B) 9 , 10   C) 10 , 12   D) 14 , 16

[초등학교 5~6학년용]

07 투명 막대 회전 게임

몬테네그로(Montenegro)

2023-ME-03a_Rotating Tubes

문제의 배경

존은 생일날 새 장난감을 받았다.

장난감에는 3개의 튜브가 있고, 각 튜브에는 구슬이 4개까지 들어간다.

장난감에 포함된 리모컨에는 6개의 버튼이 달려 있다.

㉠, ㉡, ㉢ 버튼을 누르면 각각 튜브 A, B, C의 위 아래를 거꾸로 뒤집는다.

㉣, ㉤, ㉥ 버튼을 누르면 각각 튜브 A, B, C의 맨 아래에 있는 구슬 하나가 아래로 떨어진다.

예를 들어 버튼 ㉢를 누르면 C가 위 아래로 뒤집히고, ㉣를 누르면 A의 맨 아래 4번 구슬이 아래로 떨어진다.

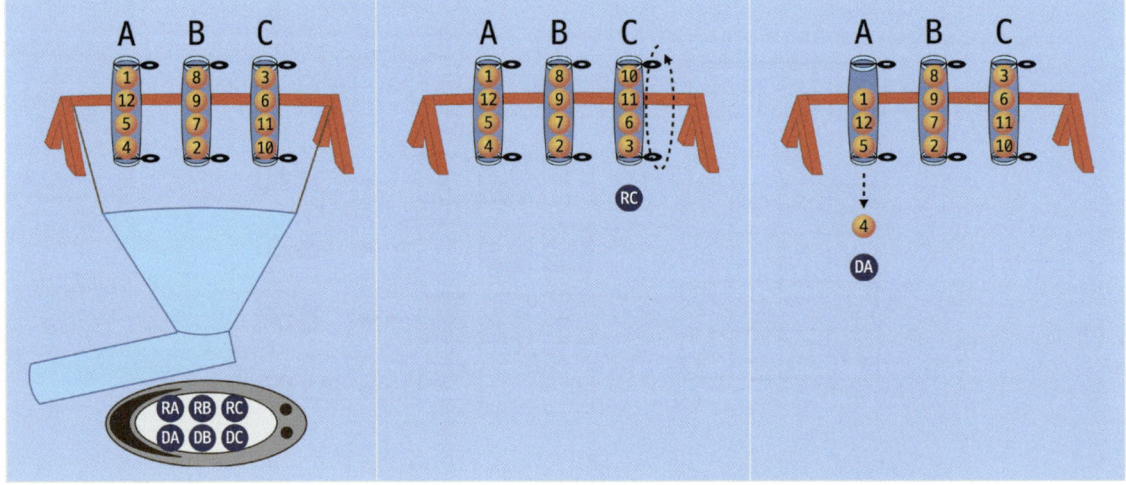

문제 / 도전

처음 왼쪽 그림에서 시작해서 오른쪽 그림처럼 구슬이 순서대로 떨어지게 하려고 한다. 버튼을 누른 순서를 쓰시오.

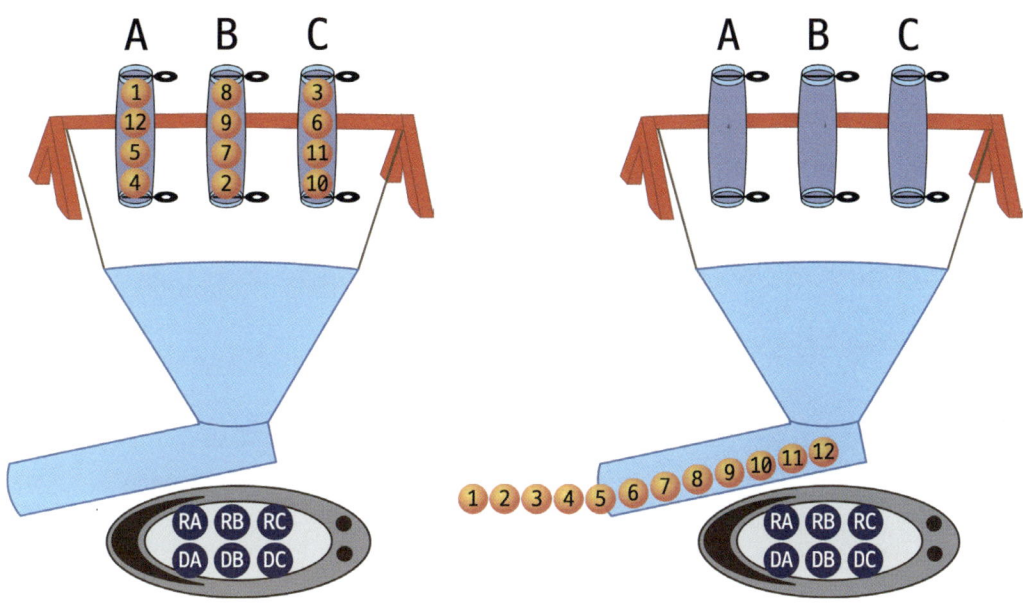

제어 레버

[초등학교 5~6학년용]

08

페루(Peru)

2023-PE-02_Levers

문제의 배경

우주 비버가 머무르는 우주 정거장에 A, B, C 세 구역이 있고, 생명 유지 시스템을 조절하는 제어판이 있다.

제어판에 있는 4개의 레버는 난방( ), 조명( ), 환기( ), 습기( ) 장치를 켜고 끌 수 있는데, 각 레버가 어떤 장치를 켜고 끄는 지는 쓰여있지 않다.

다음은 각 구역의 제어판 모습이다.

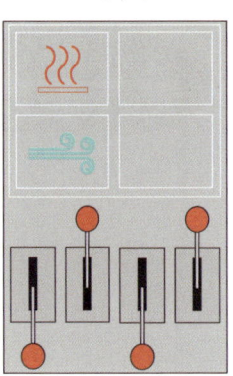
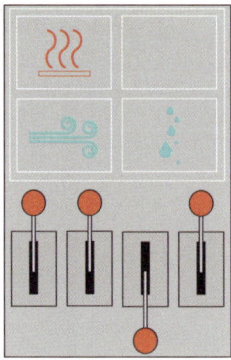
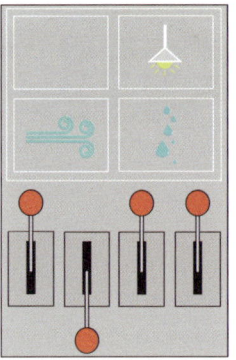

문제 / 도전

각 레버가 어떤 장치를 켜고 끄는지 알맞게 그려진 것을 고르시오.

A) 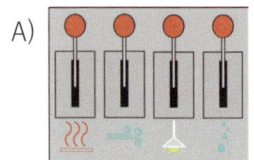   B) 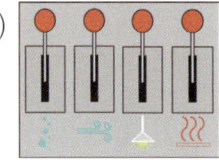   C) 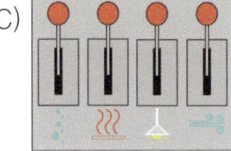   D)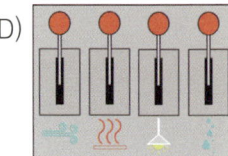

09 보물찾기

우루과이(Uruguay)

2023-UY-01_Logic Treasure

🪵 문제의 배경

어떤 섬에 3개의 상자()가 있다.

3개의 상자는 산 밑, 나무 아래, 모래 사장에 각각 1개씩 있는데, 어느날 해적 비버가 그 중 1개의 상자에만 보물을 넣었다.
3마리의 탐험가 비버들이 섬을 탐험하면서 상자들의 사진을 찍었는데,
그 중 한 비버는 해적 비버가 보물을 넣기 전에 사진을 찍었고, 나머지 두 비버는 해적 비버가 보물을 넣은 후에 사진을 찍었다.
3장의 사진은 다음과 같은데, 보물이 들어 있는 상자는 어느 사진에도 찍히지 않았다.

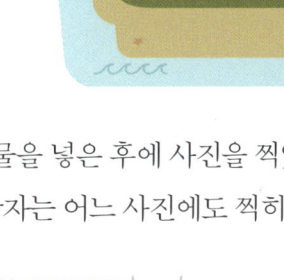

🪵 문제 / 도전

해적 비버가 보물을 넣은 상자의 위치를 고르시오.

A) 나무 아래   B) 모래 사장   C) 산 밑   D) 어느 위치인지 알 수 없다.

[초등학교 5~6학년용]

10 잉크 전파

베트남(Vietnam)

2023-VN-04_Watercolor

문제의 배경

격자와 벽으로 만들어진 어떤 미로의 한 칸에 ■색 잉크를 부으면, 벽으로 막히지 않은 주변의 빈 칸으로 1초에 한 칸씩 ■색이 채워진다.

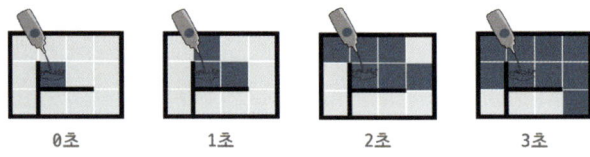

만일 어떤 미로에 두 가지 색 잉크를 각각 다른 칸에 부으면 다음과 같은 과정으로 색이 채워진다.

만약 이 과정에서 ■색과 ■색이 동시에 채워져야 하는 경우에는 ■색만 그 칸에 채워진다.

문제 / 도전

다음 미로에 색이 채워진 결과를 고르시오.

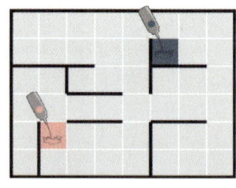

A)
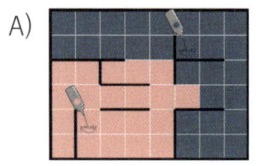

B)
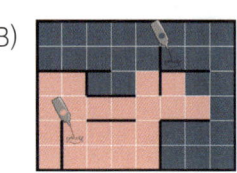

C)
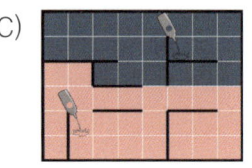

D)
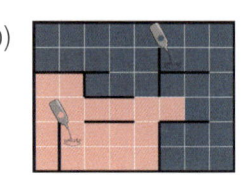

그룹 I : 01 안나의 우산

 C)

 해설

안나의 우산에 그려져 있는 8가지 무늬들이 모두 서로 다르기 때문에, 각각의 무늬에 번호를 붙인 후, 문제의 배경에서 제시된 우산과 똑같은 순서로 무늬가 그려져 있는 우산을 찾아내면 된다.

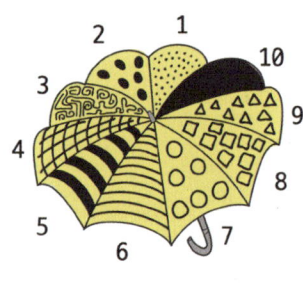

A)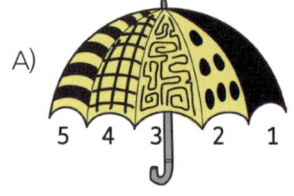

B)

C)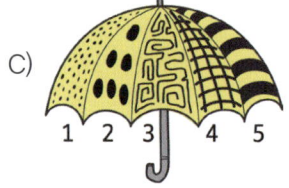

D)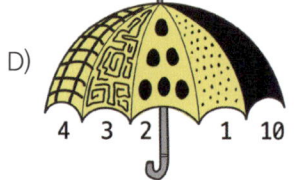

따라서 같은 순서로 무늬가 배치되어 있는 C)가 정답이다.

핵심 주제 및 참고 웹사이트

▶ https://en.wikipedia.org/wiki/String-searching_algorithm (문자열 탐색 알고리즘)

문제 속의 정보과학

이 문제에서는 주어진 우산과 똑같은 순서의 무늬로 배치되어 있는 우산 모양을 찾아내야 하는데, 이는 마치 문서나 웹페이지 같은 데이터에서 원하는 단어나 문장을 찾아내는 작업과 같다.

찾아내야 하는 단어나 문장의 길이가 길면 길수록 일치할 가능성이 더 작아지기 때문에 더 빨리 찾을 수 있고, 찾아야 할 단어나 문장의 길이가 짧거나 비교하는 정확도를 낮추면 더 빠르게 탐색할 수 있다는 것을 생각할 수 있다.

정보과학분야에서는 어떤 문서나 웹페이지에 저장되어 있는 데이터들에서 원하는 단어나 문장을 보다 빠르고 정확하게 찾아내기 위한 문자열 탐색(string-searching) 알고리즘들이 꾸준히 개발되어 왔다.

그룹 I : 02 과일 조각

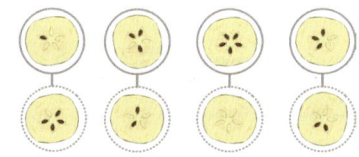

과일 한 개는 5개의 씨가 있으므로, 그 씨의 합이 5개가 되도록 그리면 된다.

핵심 주제 및 참고 웹사이트

▶ https://en.wikipedia.org/wiki/Bit (비트)

 **문제 속의 정보과학**

세상에는 열쇠-자물쇠처럼 쌍으로 맞춰지는 것들이 많이 있다.

정보과학 분야에서도 +/-, 0/1, on/off, True/False처럼 쌍으로 다루어지는 것들이 많이 있다. 특히 비트(bit, binary digit)는 0과 1만 사용해서 2가지 상태를 표현할 수 있는 가장 작은 정보의 단위이다.

비트를 여러 개 묶어 함께 사용하면, 서로 다른 여러 가지 상태를 0과1의 비트만으로 표현할 수 있다. 예를 들어 32개의 비트를 사용하면 4294967296가지의 서로 다른 값을 표현하고 저장할 수 있다.

그룹 I : 03 민지의 햄버거 만들기

기록을 순서대로 따라가면서 햄버거 재료를 쌓으면 아래 그림처럼 정답을 알아낼 수 있다.

햄버거 재료를 9번 쌓아 올렸고, 3번은 가장 위에 있는 것을 빼서 버렸기 때문에, 햄버거는 6장의 재료로 만들어져야 한다. 그렇기 때문에 A) 는 정답이 아니다.

B) 에는 치즈가 들어있는데, 재료를 쌓는 과정에서 치즈를 빼서 버리게 되므로 정답이 아니다.

D) 에는 고기 패티가 3장 들어있는데, 재료를 쌓는 과정에서 고기 패티는 2장만 쌓이게 되므로 정답이 아니다.

🐕 핵심 주제 및 참고 웹사이트

▶ https://en.wikipedia.org/wiki/Stack_(abstract_data_type) 스택

🐕 문제 속의 정보과학

이 문제에서 햄버거를 만들기 위해서 재료를 가장 위에 쌓아 올리거나, 가장 위에 있는 재료를 빼서 버릴 수만 있다. 이렇게 한쪽 방향으로 데이터를 삽입하거나 뺄 수 있는 데이터 구조(data structure)를 스택(stack)이라고 부른다.

스택에 데이터를 저장할 때에는, 가장 마지막에 저장한 데이터가 가장 처음에 나오게 되므로, LIFO(Last In First Out)라고 표현한다.

스택 데이터 구조는 소프트웨어를 설계할 때에도 자주 사용되는데, 대표적으로 어떤 작업을 수행한 순서의 반대로 거꾸로 되돌리며 취소하는 "실행 취소"나, 마지막 작업을 똑같이 실행하는 "다시 실행" 같은 기능을 구현하기 위해서 사용될 수 있다.

그룹 I : 04 비버와 수달

 A)

A)의 경우에는 1마리의 비버만 다른 땅으로 넘어가면 된다.

B)는 2마리의 비버와 1마리의 수달이 다른 땅으로 넘어가야 한다.
C)는 2마리의 비버와 1마리의 수달이 다른 땅으로 넘어가야 한다.
D)는 1마리의 비버와 1마리의 수달이 다른 땅으로 넘어가야 한다.

핵심 주제 및 참고 웹사이트

▶ https://en.wikipedia.org/wiki/Classification (분류)
▶ https://en.wikipedia.org/wiki/Categorization (범주화)

문제 속의 정보과학

데이터들을 어떤 기준에 따라 구분하여 나누는 것은 일상생활뿐만 아니라 정보과학 분야에서도 중요한 문제이다. 데이터들을 분류하거나 구분하는 방법이나 규칙에 따라서 데이터들을 처리하는 방법뿐만 아니라, 원하는 데이터를 찾아내는데 필요한 시간과 비용이 달라질 수 있기 때문이다.

그룹 I : 05 가장 긴 모자 쓰기 대회

정답 ⑤, ①, ④, ③, ②

해설

모자의 길이를 맞추어 비교해 보면 다음과 같다.

🔍 핵심 주제 및 참고 웹사이트

▶ https://en.wikipedia.org/wiki/Sorting (정렬)

▶ https://en.wikipedia.org/wiki/Sorting_algorithm (정렬 알고리즘)

🔍 문제 속의 정보과학

어떤 기준에 따라서 순서대로 정리하는 것을 정렬(sorting)이라고 부른다.

정보과학 분야에서는 컴퓨터에 저장한 데이터들을 순서대로 정렬하는 알고리즘과 방법들이 자주 다루어진다. 정리되어 있지 않은 데이터들 중에서 원하는 데이터를 찾기 위해서는 많은 시간이 걸리지만, 어떤 기준이나 방법에 따라 분류한 후 정리해 둔 데이터들은 매우 빠르게 찾아낼 수 있기 때문이다.

가장 간단하게는 책의 페이지 번호부터 시작해서, 번호나 이름순으로 정리되어 있는 출석부나 주소록, 인터넷 검색을 통해 나온 결과 페이지까지, 데이터나 내용들이 정렬되어 있는 경우에는 원하는 데이터나 내용을 빠르게 찾아낼 수 있다.

문제에서 모자의 높이는 순서대로 각각 2칸, 3칸, 4칸, 5칸, 6칸 인데, 1-2-3-4-5..., a-b-c-d-e-..., 가-나-다-라-마... 와 같은 순서를 오름차순(ascending order)이라고 부르고, 반대를 내림차순(descending order)이라고 부른다.

문제에서는 모자 길이를 기준으로 비버들을 오름차순으로 정렬해야 한다.

그룹 I : 06 비버 행성 외계인

 **정답**   C) 3명

 **해설**

2개의 팔과 2개의 다리가 있는 외계인은 다음과 같이 골라낼 수 있다.

그림에서 두 번째 외계인은 팔이나 다리가 없고, 네 번째 외계인은 2개의 팔이 있지만 다리가 3개이다.

핵심 주제 및 참고 웹사이트

▶ https://en.wikipedia.org/wiki/Computer_vision (컴퓨터 비전)

문제 속의 정보과학

정보과학의 컴퓨터 비전(computer vision) 분야는 디지털 이미지를 수집하고, 처리하고, 분석하고, 이미지 속에 포함되어 있는 문자, 숫자, 물건 등과 관련된 데이터를 자동화하여 추출하고 인식할 수 있는 방법들과 응용 방법 등에 대해서 연구한다.

문제에서는 사람처럼 2개의 팔과 2개의 다리를 가진 외계인들을 골라내야 하는데, 컴퓨터 비전 분야에서는 바코드 인식이나 큐알 코드 인식뿐만 아니라, 자동차 번호판 인식, 신호등 인식, 도로 인식, 사람 및 동물 인식 등이 자주 다루어진다.

비버챌린지 2023 그룹 Ⅰ

그룹 Ⅰ : 07 마스크 축제

 D)

A)  B)  C)  D) 각 가면의 위치는 아래 그림과 같다.

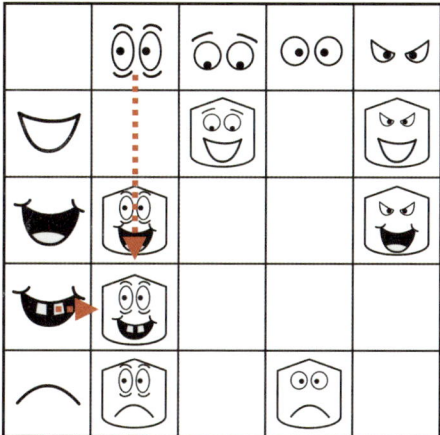

핵심 주제 및 참고 웹사이트

▶ https://en.wikipedia.org/wiki/Array_(data_structure) 배열

문제 속의 정보과학

문제에서는 눈과 입의 모양을 골라 가면의 모양을 만들 수 있다.

정보과학 분야에서 배열(array)은 참조번호를 사용해서 데이터들을 저장하고 불러다가 사용할 수 있는 데이터 구조(data structure)이다.

문제에서 주어진 사각형 형태의 배열은 2차원 배열이라고 부른다.

그룹 Ⅰ : 08 보물 찾기

😊 정답

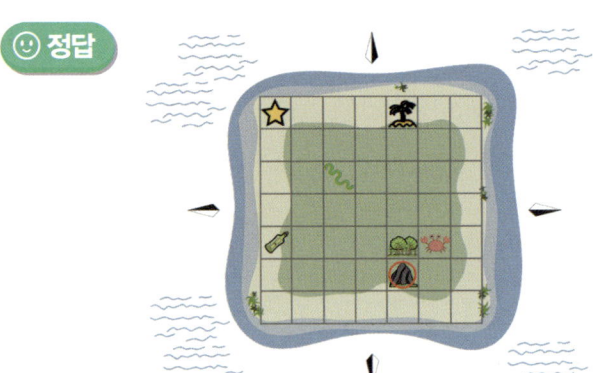

💬 해설

별() 위치에서 출발해서 아래( ) 방향으로 4칸만큼 이동하면 병( )이 있고, 다시 오른쪽( )방향으로 4칸만큼 이동하면 나무숲( )이 있고, 그곳에서 아래( ) 방향으로 1칸만큼 이동하게 되면 산( )이 나온다.

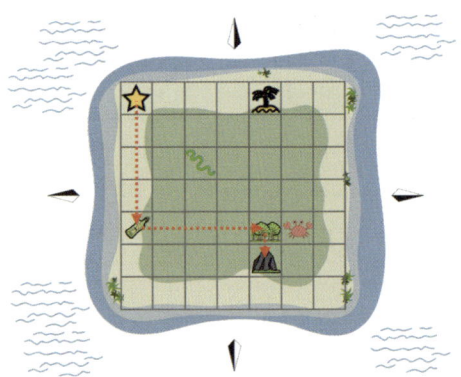

🐶 핵심 주제 및 참고 웹사이트

▶ https://en.wikipedia.org/wiki/Sequence (순서, 순차)
▶ https://en.wikipedia.org/wiki/Algorithm (알고리즘)

문제 속의 정보과학

정보과학에서 순서(sequences), 기준(order), 알고리즘(algorithms)은 모두 매우 중요하다.

순서는 어떤 것들을 기준에 따라 나열한 것이라고 할 수 있는데, 같은 문자들로 이루어진 단어라고 하더라도 글자를 나열한 순서에 따라서 다른 의미의 단어가 된다. 알고리즘은 컴퓨터가 순서대로 수행해야 할 명령들의 집합이라고 할 수 있다.

문제에서 보물을 찾아가기 위해 움직이는 각각의 순서들은 하나의 명령이라고 할 수 있다. 보물을 찾아가는 순서를 한 단계씩 따라가다 보면 보물이 있는 위치로 이동할 수 있기 때문이다.

수학식을 계산하는 간단한 작업부터, 얼굴을 인식해서 사람들을 구분하는 안면인식 같은 복잡한 작업들은 컴퓨터를 사용해서 수행하기 위해서는 알고리즘이 중요하다.

컴퓨터들이 여러 가지 정보들을 인식하고 처리하도록 하기 위해서는 많은 알고리즘이 필요하다. 컴퓨터들은 주어진 알고리즘에 따라 여러 단계의 명령들을 처리하면서 정보를 수집하여 처리하고 그렇게 얻어낸 결과를 사람에게 보여준다.

그룹Ⅱ: 01 꿀벌

윗줄에 채워져 있는 꿀들의 개수를 살펴보면, 규칙을 알아낼 수 있다.

어떤 벌집의 꿀 개수는 바로 위 왼쪽과 바로 위 오른쪽 꿀의 개수를 합한 것이라는 것을 알아낼 수 있다. 또한, 가장 왼쪽과 가장 오른쪽은 1이라는 것도 알아낼 수 있다.

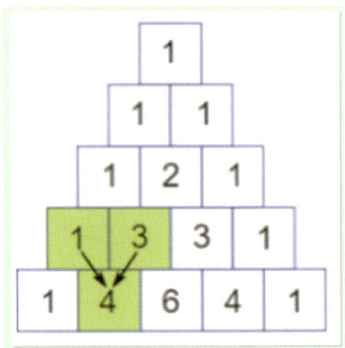

핵심 주제 및 참고 웹사이트

▶ https://en.wikipedia.org/wiki/Pascal%27s_triangle (파스칼의 삼각형)
▶ https://en.wikipedia.org/wiki/Pattern_recognition (패턴 인식)
▶ https://en.wikipedia.org/wiki/Computer_vision (컴퓨터 비전)

문제 속의 정보과학

이 문제에서 벌집에 꿀이 채워지는 규칙은 파스칼의 삼각형(Pascal's triangle)을 의미한다.

패턴 인식(pattern recognition)은 어떤 데이터 속에 포함되어 있는 규칙이나 패턴을 자동으로 찾아내는 정보과학의 한 분야로서, 데이터 분석(data analysis), 신호 처리(signal processing), 이미지 분석(image analysis), 정보검색(information retrieval), 생명정보학(bioinformatics), 데이터 압축(data compression), 컴퓨터 그래픽스(computer graphics), 기계학습(machine learning) 등에서 활용된다.

한편, 컴퓨터 비전(computer vision) 분야에서는 자동차 번호판 사진에서 자동차 번호를 추출하는 것과 같은, 이미지 데이터의 수집, 처리, 분석을 주로 다룬다. 컴퓨터 비전과 기계학습을 함께 적용하면 주어진 문제를 자동으로 해결하는 인공지능 모델도 설계할 수 있다.

그룹 II : 02 가장 긴 모자 쓰기 대회

 ⑤, ①, ④, ③, ②

 해설

모자의 길이를 맞추어 비교해 보면 다음과 같다.

 핵심 주제 및 참고 웹사이트

▶ https://en.wikipedia.org/wiki/Sorting (정렬)
▶ https://en.wikipedia.org/wiki/Sorting_algorithm (정렬 알고리즘)

 문제 속의 정보과학

어떤 기준에 따라서 순서대로 정리하는 것을 정렬(sorting)이라고 부른다.

정보과학 분야에서는 컴퓨터에 저장한 데이터들을 순서대로 정렬하는 알고리즘과 방법들이 자주 다루어진다. 정리되어 있지 않은 데이터들 중에서 원하는 데이터를 찾기 위해서는 많은 시간이 걸리지만, 어떤 기준이나 방법에 따라 분류한 후 정리해 둔 데이터들은 매우 빠르게 찾아낼 수 있기 때문이다.

가장 간단하게는 책의 페이지 번호부터 시작해서, 번호나 이름순으로 정리되어 있는 출석부나 주소록, 인터넷 검색을 통해 나온 결과 페이지까지, 데이터나 내용들이 정렬되어 있는 경우에는 원하는 데이터나 내용을 빠르게 찾아낼 수 있다.

문제에서 모자의 높이는 순서대로 각각 2칸, 3칸, 4칸, 5칸, 6칸 인데, 1-2-3-4-5..., a-b-c-d-e-..., 가-나-다-라-마... 와 같은 순서를 오름차순(ascending order)이라고 부르고, 반대를 내림차순(descending order)이라고 부른다.

문제에서는 모자 길이를 기준으로 비버들을 오름차순으로 정렬해야 한다.

그룹Ⅱ: 03 수민이가 사는 꿈의 집

 정답

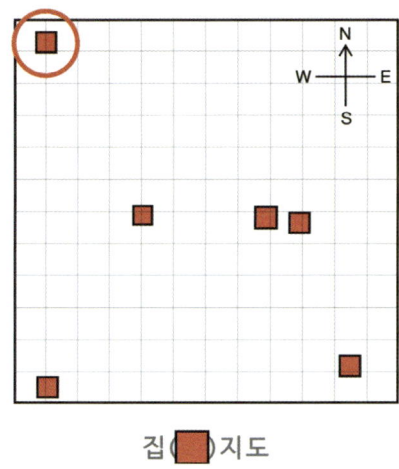

집( ) 지도

💬 해설

수민이의 집을 찾기 위해서는 3장의 지도에 나타나 있는 정보를 모두 확인해 보아야 한다.

수민이의 집은 숲 안에 있으면서 강에 가깝게 있어야 하는데, 그런 집은 집 지도에서 왼쪽 위에 있는 집 뿐이다.

3장의 지도를 모두 겹쳐 생각하면, 다음 그림처럼 보다 쉽게 찾아낼 수 있다.

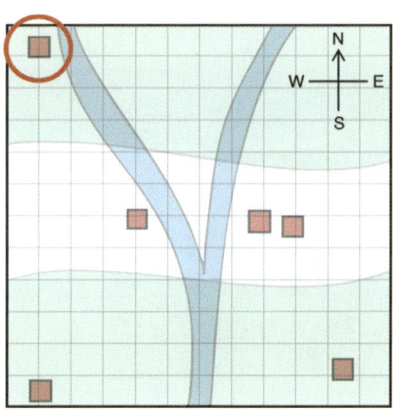

핵심 주제 및 참고 웹사이트

▶ https://en.wikipedia.org/wiki/Geographic_information_system (지리 정보 시스템)
▶ https://en.wikipedia.org/wiki/Layers_(digital_image_editing) (레이어)

문제 속의 정보과학

지리 정보 시스템(GIS, Geographic information system)은 지도에 여러 가지 다양한 지리 정보들을 가져와 함께 보여주는 시스템이다. 지리 정보 시스템은 눈으로 보이는 시각적인 정보를 제공할 뿐만 아니라, 지리적인 데이터들도 분석할 수 있게 해준다.

지리 정보 시스템이 있으면, 화재/폭우/지진 등과 같은 재난 발생 시에 대한 재난 대피 계획을 세우는 데 도움이 된다.

한편, 그래픽 프로그램들에서는 여러 장의 이미지들을 아래에서 위로 올라가며 층으로 쌓아 겹쳐 보여줄 수 있는 레이어(layer) 기능을 제공한다. 레이어 기능을 사용하면 아래층에 있는 이미지 위에 위층의 이미지를 덮을 수 있을 뿐만 아니라, 적당한 비율로 투명하게 겹쳐 보이도록 만들 수도 있다.

그룹 II : 04 타일 땅따먹기 게임

😊 정답 ①, ④ 타일

💬 해설
다른 타일들은 바다와 땅의 모양이 맞춰지지 않는다.

 핵심 주제 및 참고 웹사이트
▶ https://en.wikipedia.org/wiki/Pattern_matching (패턴 매칭)

 문제 속의 정보과학

정보과학 분야에서 패턴 매칭(pattern matching)은 어떤 연속된 부분들에서 특정 순서와 일치하는 부분들을 찾아내는 것을 의미한다. 패턴 매칭에서는 어떤 순서와 일치하는 부분들을 찾는 것이 중요하다.

이 문제에서는 여러 개의 그림 타일들에서 바다와 땅의 모양이 서로 맞추어 연결할 수 있는 패턴들을 찾아야 한다.

패턴 매칭은 어떤 문자열에서 단어나 문장을 찾아내는 것부터 시작해서, DNA 염기 서열에서 특정 패턴을 찾아내거나, 이미지에서 원하는 부분을 찾아 인식하는 것까지 다양하게 활용된다.

그룹 II : 05 친환경 비버

😊 **정답** 순서와 상관없이

, , ,  를 골라 건전지() 8개를 만들거나

, , ,  를 골라 건전지( ) 9개를 만들면 된다.

 **해설**

9개 이하의 건전지를 사용하면서 4개의 장난감을 고를 수 있는 방법을 찾기 위해서 건전지 개수가 적은 것부터 먼저 골라가는 방법을 사용할 수 있다.

건전지 개수가 적은 것부터 많은 것까지 순서대로 나열하면,

, , , , , ,  가 되고, 순서대로 3개를

먼저 고르면, , ,  를 골라 건전지가 5개가 된다.

건전지를 9개까지 사용할 수 있으므로  나  를 더 골라 건전지를 9개 이하로 사용할 수 있다.

핵심 주제 및 참고 웹사이트

▶ https://en.wikipedia.org/wiki/Greedy_algorithm (욕심쟁이/그리디 알고리즘)

문제 속의 정보과학

어떤 조건을 만족하는 최소값이나 최대값을 찾기 위해서, 어떤 상태에서 선택할 수 있는 가장 좋은 것들을 먼저 선택해 나가는 방법을 사용할 수 있다. 이러한 문제해결 전략을 욕심쟁이(greedy) 방법이라고 한다.

문제는 최소 개수의 건전지를 사용해서 최대 개수의 장난감을 고르는 것이 목표라고 할 수 있는데, 건전지를 가장 적게 사용하는 장난감들부터 순서대로 골라나가는 욕심쟁이 방법을 사용하면 쉽게 정답을 찾아낼 수 있다.

그룹 II : 06 체인코딩

 C) 1,1,1,0,7,7,7,6,5,5,5,4,3,3,3,2

다음과 같은 순서로 코드를 표현할 수 있다.

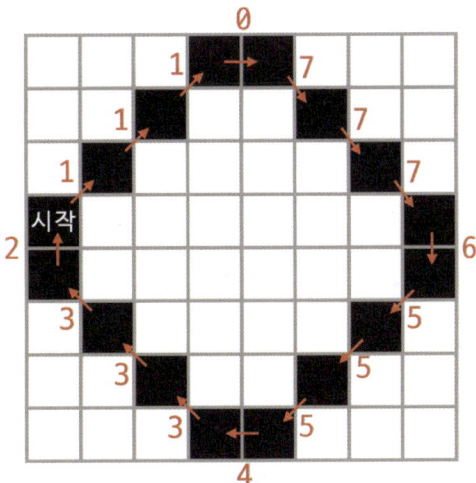

🐾 핵심 주제 및 참고 웹사이트

▶ https://en.wikipedia.org/wiki/Chain_code (체인 코드)

🐾 문제 속의 정보과학

체인 코드(chain code)는 디지털 이미지에 들어 있는 이미지 덩어리 조각들을 표현하고 저장하는 데 사용되는 비손실 압축 방법이다.

체인 코드는 이미지 덩어리의 가장자리 경계 부분을 따라 이동하면서, 이동하는 좌표와 방향을 나타내는 기호를 사용해서 표현하고, 시작 점에 다시 도착하게 되면 해당 덩어리의 표현을 완료하게 된다.

체인 코드는 이미지의 작은 부분을 표현하는 데 특별히 효과적이다.

그룹 II : 07 공항 체크인

 A)

💬 해설

A1카운터에서 가방(🎒), 책가방(🎒) 순서로 들어갔기 때문에, 왼쪽에서 오른쪽으로 🎒 – 🎒 순서가 되어야 하고,

A2카운터에서 기타(🎸), 보따리(👝) 순서로 들어갔기 때문에, 왼쪽에서 오른쪽으로 👝 – 🎸 순서가 되어야 하고,

A3카운터에서 가죽가방(🧳), 주머니(👛), 캐리어(🧳) 순서로 들어갔기 때문에, 왼쪽에서 오른쪽으로 🧳 – 👛 – 🧳 순서가 되어야 한다.

B) 는 🎒 – 🎒 순서가 바뀌었으므로 답이 될 수 없다.

C) 는 👝 – 🎸 순서가 바뀌었으므로 답이 될 수 없다.

D) 는 🧳 – 👛 – 🧳 순서가 바뀌었으므로 답이 될 수 없다.

🔍 핵심 주제 및 참고 웹사이트

▶ https://en.wikipedia.org/wiki/Queue_(abstract_data_type) (큐)

▶ https://en.wikipedia.org/wiki/Scheduling_(computing) (스케줄링)

🔍 문제 속의 정보과학

문제에서 각각의 카운터에서 들어간 짐들은 들어간 순서대로 이동된다.

정보과학에서 먼저 저장한 데이터가 먼저 나오게 되는 데이터 구조(data structure)를 큐(queue)라고 부르는데, FIFO(First In First Out)라고 표현하기도 한다. 이러한 큐는 순서대로 처리해야 하는 작업들을 순서대로 저장하였다가 순서대로 처리하기 위해서 자주 사용된다. 큐는 식당이나 극장에서 한 줄로 서서 들어가는 것과 같은 줄서기 구조라고 할 수 있다.

컴퓨터를 사용하면 여러 개의 일을 동시에 처리할 수 있는데, 어떤 일을 먼저 처리할지를 결정하는 것을 스케줄링(scheduling)이라고 부른다.

문제에서는 각각의 짐들을 가장 위로 보내면 한 줄로 만들어져 순서대로 처리되는데, 이는 마치 작업의 순서를 결정하는 스케줄링과 비슷하다. 작업이 먼저 필요한 것들을 먼저 올려 보내면 먼저 처리할 수 있게 되기 때문이다.

그룹 II : 08 비버 대표 뽑기

😊 **정답** B) 키

💬 **해설**

4마리의 비버를 키를 기준으로 나누어 보면, 메달을 딴 비버들과 메달을 따지 못한 그룹으로 나누어지는데, 키가 작은 비버들이 메달을 딸 가능성이 더 높을 것이라고 예측할 수 있다.

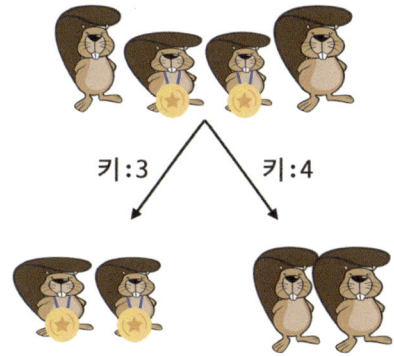

하지만 몸무게나 나이를 기준으로 나누어 보면, 메달을 딴 그룹으로 나누어지지 않기 때문에 메달을 딸 수 있는 그룹이 어떤 그룹인지 예측할 수 없다.

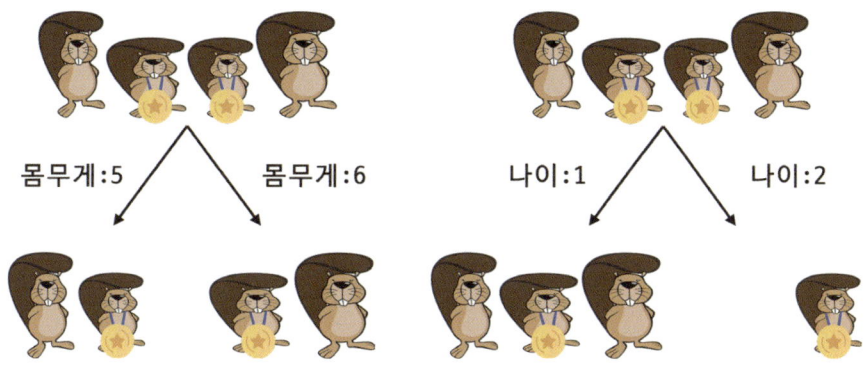

핵심 주제 및 참고 웹사이트

▶ https://en.wikipedia.org/wiki/Decision_tree (결정 트리, 의사결정나무)

 문제 속의 정보과학

이 문제는 결정 트리(decision tree)와 관련되어 있다.

예를 들어, 어떤 날씨에 자전거를 타고 못 타는지를 아래의 표처럼 정리할 수 있는데,

날짜	날씨	기온	습도	바람	자전거 타기?
1	맑음	더움	높음	약풍	불가능
2	흐림	더움	높음	약풍	가능
3	맑음	보통	보통	강풍	가능
4	흐림	보통	높음	강풍	가능
5	비	보통	높음	강풍	불가능
6	비	추움	보통	강풍	불가능
7	비	보통	높음	약풍	가능
8	맑음	더움	높음	강풍	불가능
9	흐림	더움	보통	약풍	가능
10	비	보통	높음	강풍	불가능

이러한 데이터를 이용해서 다음과 같은 결정 트리를 그릴 수 있다.

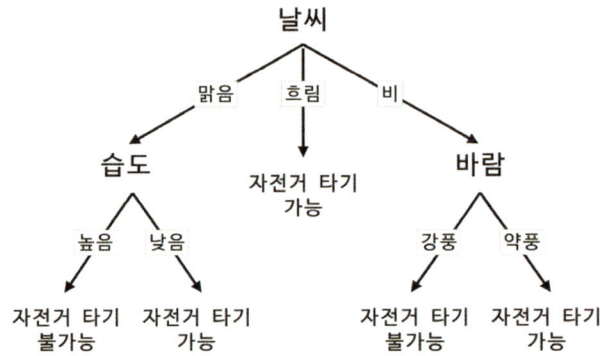

가장 위에서부터 출발해서 날씨 조건에 따라서 아래로 내려가게 되면, 마지막에 결과를 얻어낼 수 있다.
주어진 문제는 위에서 아래로 깊이가 1인 결정 트리에서 메달을 딸 수 있는 조건을 찾아내는 것이라고 할 수 있다.

그룹 II : 09 극장

 C) 신디

- 신디는 데이브보다 작은 의자에 앉았다. : 신디 〈 데이브
- 밥은 신디보다 작은 의자에 앉았다. : 밥 〈 신디
- 앨리스는 밥보다 작은 의자에 앉았다. : 앨리스 〈 밥
- 데이브는 엘런보다 작은 의자에 앉았다. : 데이브 〈 엘런

각각의 사실을 연결하면, 앨리스 〈 밥 〈 신디 〈 데이브 〈 엘런 순서로 의자에 앉았다는 것을 알아낼 수 있다. 따라서 3번 의자에는 신디가 앉았다는 것을 알 수 있다.

핵심 주제 및 참고 웹사이트

▶ https://en.wikipedia.org/wiki/Inference (추론)

문제 속의 정보과학

문제에서는 주어진 사실들을 이용해서 의자에 앉아 있는 친구들의 순서를 알아내야 한다.

주어진 사실들은 두 친구가 앉아 있는 의자의 크기를 비교한 것으로서, 문제에서 제시된 각각의 사실들을 연결해서 추론하면 친구들의 순서를 알아낼 수 있다.

정보과학 분야의 여러 가지 연구나 활용을 위해서는 예상하지 못한 결과나 오류가 발생했을 때, 그 원인을 추론해서 찾아내고 수정하는 능력이 매우 중요하다.

그룹 II : 10 선물 고르기

😊 정답

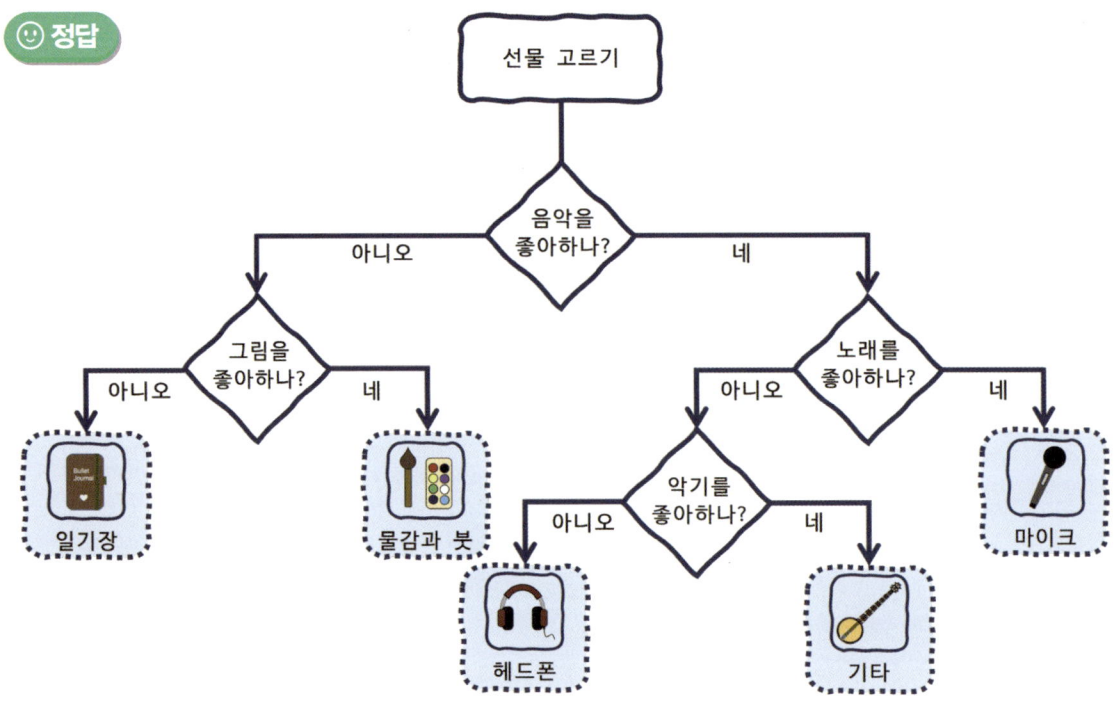

💬 해설

음악을 좋아하지 않으면, 일기장이나 물감+붓을 줄 수 있는데, 그림을 좋아하지 않으면 일기장을 주면 된다.

음악을 좋아하면, 마이크, 기타, 헤드폰을 줄 수 있는데, 노래를 좋아하지 않고 악기도 좋아하지 않으면 헤드폰을 주고, 노래를 좋아하지 않고 악기를 좋아하면 기타를 주고, 노래를 좋아하면 마이크를 주면 된다.

🐶 핵심 주제 및 참고 웹사이트

▶ https://en.wikipedia.org/wiki/Decision_tree (결정 트리, 의사 결정 나무)
▶ https://en.wikipedia.org/wiki/Behavior_tree_(artificial_intelligence,_robotics_and_control)
   (행동 트리)

문제 속의 정보과학

의사 결정 트리(decision tree)는 어떤 결정을 내리는 기준으로 사용할 수 있다. 문제에서는 몇 가지 질문에 따라 선물들을 배치하는데 의사 결정 트리가 사용되었다.

의사 결정 트리는 트리(tree) 모양으로 질문들을 배치해서 그 질문에 따라 선택했을 때의 비용이나 결과들을 계층적으로 표현할 수 있는데, 어떤 결정이나 판단을 내릴 때의 기준으로 효과적으로 사용할 수 있다.

인공지능, 로봇공학, 제어 분야에서는 의사 결정 트리 형태의 행동 트리(behavior tree) 모델이 사용되는데, 어떤 상황에서 다음에 벌어질 수 있는 결과나 행동을 표현하고 이해하기 쉽기 때문에 자주 사용된다. 행동 트리 모델은 게임 엔진 및 인공지능 에이전트에서도 다루어진다.

그룹Ⅲ: 01 자율주행자동차

☺ 정답 F

💬 해설

자율주행자동차가 이동한 경로를 관찰해 보면, 교차로에서 다음과 같은 규칙에 따라 움직인다는 것을 알아낼 수 있다.

- 티()자 교차로에서는 항상 오른쪽 길로 이동한다.
- 회전() 교차로에서는 항상 오른쪽 방향으로 3번째 출구로만 이동한다.
- 십(➕)자 교차로에서는 항상 앞쪽 길로 이동한다.

따라서 아래 그림처럼 이동하면 F 위치에 도착하게 된다.

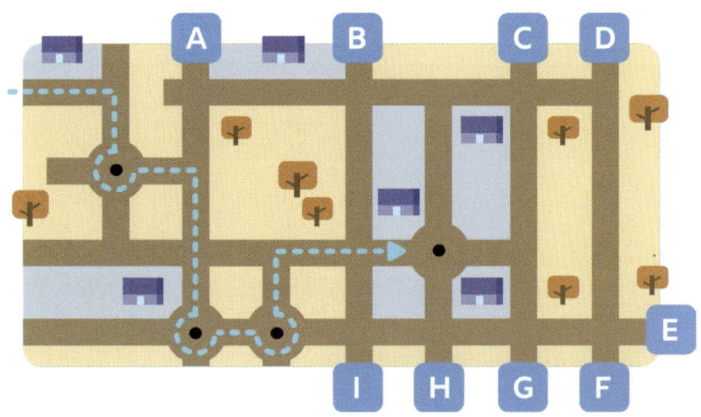

🔍 핵심 주제 및 참고 웹사이트

▶ https://en.wikipedia.org/wiki/Self-driving_car (자율주행자동차)

문제 속의 정보과학

자율주행자동차(autonomous car)는 사람이 조종하지 않아도 움직일 수 있는 무인 자동차를 의미한다.

자율주행자동차는 주변의 환경을 인식하고, 자동차의 중요한 시스템들을 모니터링하고, 이동 경로를 스스로 탐색하는 것뿐만 아니라 자동차의 움직임과 이동 과정을 모두 제어해야 한다.

문제에서는 교차로만 인식한다고 가정하였지만, 자율주행자동차는 자동차 내외부의 시각 정보뿐만 아니라 소리 정보까지도 인식하고 분석하여 자동차 주변의 환경과 사물들을 실시간으로 계속 분석하고 처리해야 한다.

그룹Ⅲ: 02 식물심기

 다음 3가지 경우이다.

각 텃밭에 숫자를 기록하여 살펴보자. 식물들이 성장을 방해하는 관계로 만나지 않는 위치를 우선적으로 배치한다. 그 다음에 각 식물이 적어도 1개 이상의 성장을 돕는 관계로 옆에 배치되었는지 확인하면 된다.

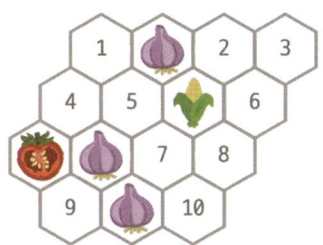

콩은 마늘 옆에 있을 수 없으므로, 1, 2, 4, 5, 7, 9번 텃밭에 배치할 수 없다. 따라서 콩은 3, 6, 8번에 배치시켜야 한다.

1번과 2번 텃밭 사이에 있는 마늘은 토마토와 성장을 돕는 관계이므로, 토마토는 1, 2, 5번에 배치시킬 수 있다. 그러나 2, 5번은 옥수수와 토마토가 이웃하게 되므로 1번에만 토마토를 배치시킬 수 있다.

추가적인 토마토는 마늘과 이웃한 7, 9, 10번 텃밭에 배치시킬 수 있으나, 7번 텃밭은 옥수수와 이웃하게 되므로, 추가적인 토마토는 9, 10번 텃밭에 배치시킬 수 있다. 또한 4, 5번 텃밭에는 토마토가 배치될 수 없으며, 옥수수도 될 수 없다. 따라서 4, 5번 텃밭에는 꽃이 배치될 수 있다.

10번 텃밭에 토마토가 배치될 경우 7번 또는 9번 텃밭에는 옥수수가 배치될 수 있는데, 7번, 9번 모두 토마토와 이웃하게 되므로 7번, 9번 텃밭에는 옥수수를 배치할 수 없다. 따라서 세 번째 토마토는 9번 텃밭에 위치되어야 한다.

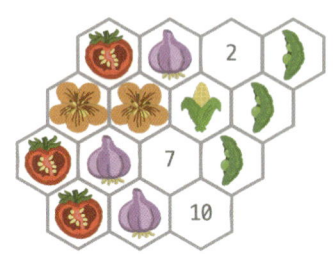

이 상태로부터 남아 있는 꽃 1개와 옥수수 2개를 다음과 같은 3가지 방법으로 배치시킬 수 있다.

아래 그림을 참고하면 각 식물들이 적어도 1개 이상 성장을 돕는 관계의 식물들과 함께 배치된 것을 확인할 수 있다.

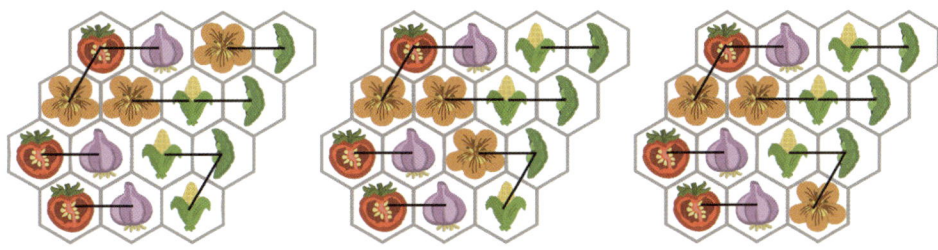

🔍 핵심 주제 및 참고 웹사이트

▶ https://en.wikipedia.org/wiki/Brute-force_search (브루트-포스 탐색)
▶ https://en.wikipedia.org/wiki/Graph_(abstract_data_type) (그래프)
▶ https://en.wikipedia.org/wiki/Backtracking (백트랙킹)
▶ https://en.wikipedia.org/wiki/Game_tree (게임트리)

🔍 문제 속의 정보과학

이 문제를 해결하기 위해서 모든 경우를 만들어 확인해 보는 부르트 포스(brute-force) 방법을 사용할 수도 있지만, 매우 많은 시간이 걸린다.

하지만 몇 가지 조건들을 우선적으로 확인하면, 확인해 보아야 하는 경우를 매우 많이 줄일 수 있다.

이 문제는 그래프(graph) 형태의 연결 관계에서의 탐색과 관계가 있다. 처음에는 문제로 주어진 상태의 그래프에서 시작하는데, 처음에 10개의 땅 중에서 한 곳을 골라 4가지 식물 중에서 한 가지를 심을 수 있으므로 40가지의 경우가 가능하다. 그렇게 한 곳을 골라 식물을 심고 나면, 그 다음에 다시 9개의 땅에

4가지 식물을 심을 수 있으므로 다시 30가지의 경우가 가능하다. 그렇게 계속 반복해서 식물들을 하나씩 추가해 가면서, 옆에 있는 식물들과의 관계를 확인하고, 성장을 방해하는 경우가 있는 경우에는 마지막에 선택했던 것을 취소하고, 이전 상태로 올라가서 가능한 다른 경우를 골라 다시 반복해 나가는 방법을 사용할 수 있다. 이러한 문제 해결 방법을 백트랙킹(backtracking)이라고 한다.

스도쿠(sudoku), 체커(checkers), 체스(chess) 등과 같은 많은 게임과 퍼즐은 이러한 백트랙킹 방법을 사용해서 해결할 수 있다.

어떤 보드 게임의 상태는 그래프에서 하나의 노드(node)라고 할 수 있는데, 한 수를 더 놓거나 조각을 놓게 되면 보드 게임의 상태가 바뀌면서 새로운 노드 상태로 바뀌는 것이라고 생각할 수 있다. 보드 게임에서 상태 변화를 게임 트리(game tree) 형태의 그래프로 표현할 수 있는데, 더 유리하거나 나은 상태의 노드들을 찾기 위해 백트랙킹 방법을 사용할 수 있고, 인공지능 게임 소프트웨어에서도 사용된다.

그룹Ⅲ : 03   마법의 나무

😊 정답   B) 7개

💬 해설

뱀이 한 번 왔다가 가면 사과들이 모두 떨어지므로, 뱀이 마지막으로 왔다가 간 이후부터만 계산해 보면 된다.

뱀이 마지막으로 다녀간 이후에  순으로 왔다가 갔으므로, +2, +2, +2, +2, -1로 사과 7개가 열려 있게 된다.

🐶 핵심 주제 및 참고 웹사이트
▶ https://en.wikipedia.org/wiki/Variable_(computer_science) (변수)

🔍 문제 속의 정보과학

프로그래밍 언어에서는 어떤 값을 저장해 두었다가 다시 불러서 사용하기 위해 변수(variable)를 사용할 수 있다.

이 문제에서 사과의 개수는 새, 다람쥐, 뱀이 순서대로 왔다가 가면서 증가되거나 감소되며 바뀌게 되는데, 이는 프로그램으로 작성되어 있는 명령들이 실행되는 순서에 따라서 변수에 저장되어 있는 값들이 증가되거나 감소되거나 리셋되는 것과 같다고 할 수 있다.

사과의 개수를 변수 n이라고 하면, 새가 왔다 갔을 때 2개만큼 증가하는 것은 n = n+2로 표현할 수 있고, 다람쥐가 왔다 갔을 때 사과의 개수가 1개만큼 줄어드는 것은 n = n−1로 표현할 수 있으며, 뱀이 왔다 갔을 때 사과의 개수가 0이 되는 것은 n = 0으로 표현할 수 있다.

그룹Ⅲ: 04 섬나라 이동

 D)

A) 방법으로는 다음과 같은 과정으로 도착할 수 있다.

B) 방법으로는 다음과 같은 과정으로 도착할 수 있다.

C) 방법으로는 다음과 같은 과정으로 도착할 수 있다.

D) 방법으로는  나 ... 섬에 도착하게 된다.

🐾 핵심 주제 및 참고 웹사이트

▶ https://en.wikipedia.org/wiki/Graph_(discrete_mathematics) (그래프)

🐾 문제 속의 정보과학

이 문제에서는 섬들 사이의 항로와 배의 종류를 그림으로 표현했는데, 그래프(graph)를 이용해서 간단히 표현할 수 있다.

그래프는 어떤 데이터들과 그 데이터들 사이의 연결 관계를 표현하고 저장할 수 있는 데이터 구조(data structure)로서, 실제 세상의 다양한 데이터들과 그 데이터들 사이의 관계를 컴퓨터에 저장하고 다룰 수 있게 해준다.

그래프에서는 어떤 두 정점 사이를 이동할 수 있는 최소 비용, 최소 시간, 최단 경로를 찾는 문제들이 자주 다루어진다.

이 문제에서는 ... 섬에서부터 시작해서 ... 섬까지 도착할 수 있는 이동 경로를 찾아야 한다.

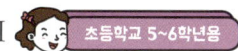

문제에서 주어진 섬, 항로, 배의 종류를 그래프로 표현하면 다음과 같이 표현할 수 있다.

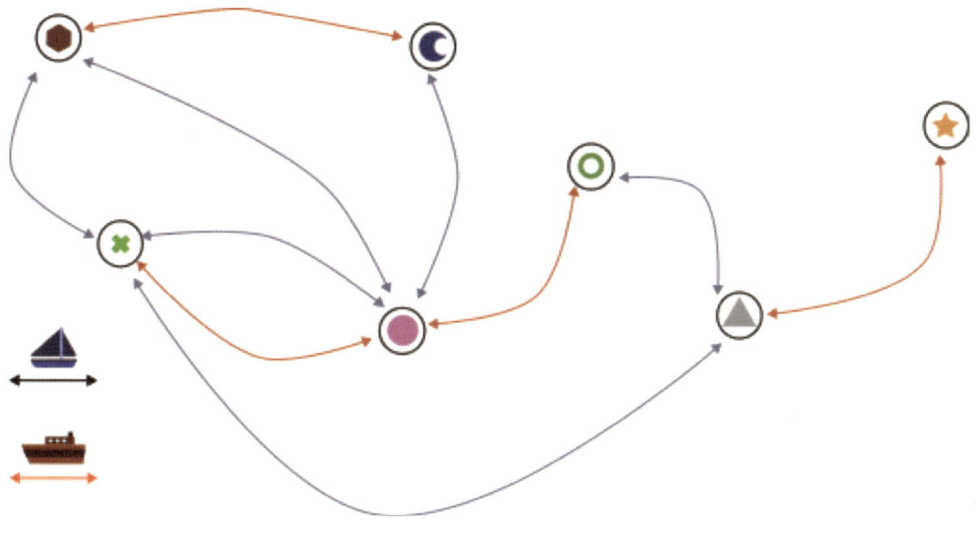

그룹Ⅲ: 05 오검 문자 암호

😊 **정답**

💬 **해설**

가장 간단한 방법으로는 각 단어의 문자 개수를 세어서 답을 알아낼 수 있다.

4문자(EGGS), 6문자(CHEESE), 5문자(BREAD), 7문자(ORANGES).

단어의 문자 개수를 고려하지 않는다면, 중간에 반복되는 글자가 있는 두 그림을 찾아 단어와 비교하여

답을 알아낼 수도 있다(첫 번째 그림-EGGS, 두 번째 그림-CHEESE). 이때 네 번째 그림은 첫 번째 그림인 EGGS 그림과 같은 글자로 끝나기 때문에 ORANGES라는 것을 알아낼 수 있다. 오검 문자가 의미하는 각 문자는 다음 그림과 같다.

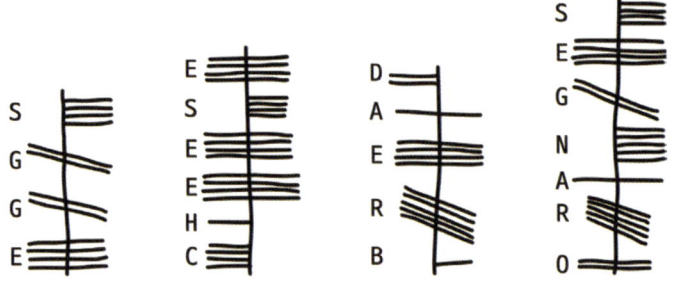

핵심 주제 및 참고 웹사이트

▶ https://en.wikipedia.org/wiki/Cryptanalysis (암호 해독)

▶ https://en.wikipedia.org/wiki/Ciphertext (암호)

문제 속의 정보과학

이 문제는 정보과학 분야의 암호 해독(cryptanalysis)과 관련이 있다. 암호 해독은 암호화된 내용을 분석하는 것과 관련한 연구 분야이다.

암호를 해독하는 과정에서는 암호(ciphertext)를 평문(plaitext)으로 바꾸는 복호화에 필요한 키(key)를 사용하지 않고, 숨겨진 메시지에 포함될 가능성이 있는 단어들에 대한 지식을 사용할 수 있다.

그룹Ⅲ: 06 비버 나라 지폐

 B)

💬 해설

다음은 각 칸의 색과 금액을 함께 표시한 표이다.

	฿10	฿20	฿50	฿100	구분 가능여부
A)	1, 2	1, **2**	**1**, **2**	1, **2**	1, 2	×
B)	9, 10	9, **10**	9, **10**	**9**, 10	9, 10	○
C)	10, 12	**10**, **12**	10, 12	**10**, **12**	10, 12	×
D)	14, 16	**14**, 16	**14**, 16	**14**, 16	14, 16	×

A)는 10짜리와 50짜리가 같기 때문에 불가능하다.

B)는 모두 다르기 때문에 가능하다.

C)는 10짜리와 50짜리가 같고, 20짜리와 100짜리가 같기 때문에 불가능하다.

D)는 10, 20, 50짜리가 같기 때문에 불가능하다.

따라서 의 색만으로도 4가지 금액을 구분할 수 있다.

🐕 핵심 주제 및 참고 웹사이트

▶ https://en.wikipedia.org/wiki/Pattern_recognition (패턴 인식)
▶ https://en.wikipedia.org/wiki/Computer_vision (컴퓨터 비전)
▶ https://en.wikipedia.org/wiki/Barcode (바코드)
▶ https://en.wikipedia.org/wiki/QR_code (QR 코드)

🐕 문제 속의 정보과학

정보과학에서 패턴 인식(pattern recognition)은 데이터에 포함되어 있는 특별한 패턴이나 규칙을 자동으로 찾아내는 것을 말한다. 또한, 컴퓨터 비전(computer vision) 분야는 디지털 이미지들을 수집, 가공, 분석하여 이미지에 포함되어 있는 정보들을 뽑아내는 것들을 다룬다.

패턴 인식은 통계 데이터 분석, 신호 처리, 이미지 분석, 정보 검색, 생명 정보학, 데이터 압축, 컴퓨터 그래픽스, 기계 학습 등에서 활용된다.

막대기 형태의 바코드(barcode)나 격자무늬 형태의 큐알코드(QR code)를 읽어 들이는 것은 컴퓨터 비전 기술을 활용하는 패턴 인식이라고 할 수 있다.

그룹 III: 07 투명 막대 회전 게임

정답

버튼 누르는 순서	RA	DA	DB	RC	DC	RA	DA	DA	DC	DB	RB	DB	DB	RC	DC	DC	DA
떨어지는 구슬		1	2		3		4	5	6	7		8	9		10	11	12

해설

① ② ③ ④ ⑤ ⑥ ⑦ ⑧ ⑨ ⑩ ⑪ ⑫ 의 순서로 구슬이 떨어져야 하므로, 순서대로 구슬을 떨어뜨리기 위한 순서로 버튼을 눌러야 한다.

처음에 1번 구슬을 떨어뜨리기 위해 RA 버튼을 눌러 투명튜브 A를 180도 회전시키고, 그 다음에 DA 버튼을 눌러 1번 구슬을 아래로 떨어뜨린다. 그 다음에 2번 구슬, 3번 구슬을 순서대로 떨어뜨리기 위해 DB, RC, DC 버튼을 누른다. 같은 방법으로 나머지 구슬들을 순서대로 떨어뜨리기 위해 순서대로 버튼을 누르면 된다.

핵심 주제 및 참고 웹사이트

▶ https://en.wikipedia.org/wiki/Merge_sort (병합 정렬)
▶ https://en.wikipedia.org/wiki/K-way_merge_algorithm (K-way 병합 정렬)
▶ https://en.wikipedia.org/wiki/Double-ended_queue (데크)

문제 속의 정보과학

정보과학 분야에서 정렬(sorting) 알고리즘은 가장 기본적인 알고리즘 중 하나이다.

병합(merge) 정렬은 여러 개의 값을 비교해서 정렬하는 효과적인 알고리즘으로서 다양한 목적을 위해서 사용할 수 있다.

병합 정렬은 데이터가 저장되어 있는 배열을 재귀적인 방법으로 반복적으로 2개의 부분으로 나누었다가, 나누어진 2개의 부분들을 서로 비교하면서 다시 합치면서 병합하는 방법으로 정렬을 수행한다.

나누는 부분을 k개로 나누는 k-way 병합 정렬도 가능하다.

문제에서 주어진 상황은 3-way 병합 정렬과 유사하다고 할 수 있다. 각 튜브에 들어 있는 구슬들 중에서 가장 번호가 빠른 것을 찾아, 번호 순서대로 구슬을 떨어뜨려 모아 나가기 때문이다.

한편, 회전하는 튜브는 양쪽으로 데이터의 입출력이 가능한 데크(deque, double-ended queue) 자료구조와 비슷하다.

그룹Ⅲ: 08 제어 레버

 C)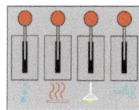

각각의 레버가 제어하는 조절장치를 찾기 위해서는 제어판 3개를 서로 비교해 보아야 한다.

A구역 제어판과 B구역 제어판을 비교해 보면, 첫 번째 레버가 습기 조절장치를 제어한다는 것을 알아낼 수 있다.

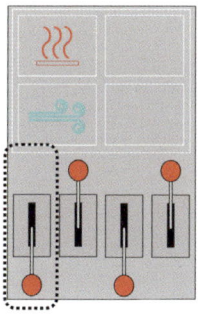 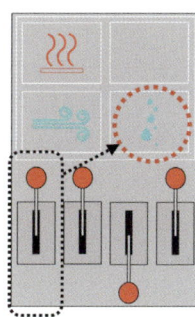

A구역 제어판, B구역 제어판, C구역 제어판을 모두 같이 비교했을 때 변하지 않는 것은 환기이고 변하지 않은 레버는 4번째 레버이므로, 4번째 레버가 환기 조절장치를 제어한다는 것을 알아낼 수 있다.

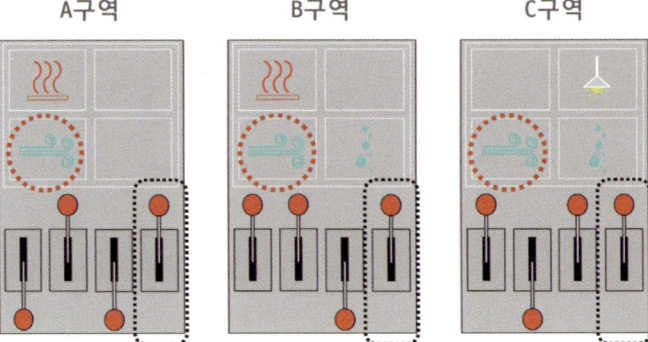

따라서 첫 번째 레버가 습기()이면서 네 번째 레버가 환기( )인 것을 골라내면 C) 뿐이다.

🐾 핵심 주제 및 참고 웹사이트

▶ https://en.wikipedia.org/wiki/Bitwise_operation (비트 연산)

🐾 문제 속의 정보과학

이 문제를 해결하기 위해서는 레버들의 변화에 따라 조절장치가 어떻게 켜지고 꺼지는지를 관찰해야 한다.

레버를 위로 올린 상태를 1, 아래로 내린 상태를 0이라고 하면, A구역의 레버 상태는 0101, B구역의 레버 상태는 1101, C구역의 레버 상태는 1011라고 할 수 있다.

0101과 1101을 비교해서 서로 다른 부분만 찾아내 1로 표현하고 같은 부분은 0으로 표현하면 1000이라는 것을 알 수 있는데, 이렇게 어떤 두 2진수를 비교해서 서로 다른 부분을 찾아낼 수 있는 계산을 비트 단위(bitwise) XOR(exclusive OR)이라고 한다. 1101과 1011을 비트 단위 XOR로 계산하면 0110이 된다.

또한, 같은 부분을 1로 표시하고 다른 부분을 0으로 표현할 수도 있는데, 이러한 계산은 비트 단위 AND로 가능하다. 1101과 1011을 비트 단위 AND로 계산하면 1001이 된다.

비트 단위 연산은 컴퓨터 내부에 저장되어 있는 비트들을 바꾸거나 이동시키거나 비교할 수 있는 연산으로 NOT, AND, OR, XOR, SHIFT가 있으며, 같은 부분이나 다른 부분을 효과적으로 찾아내거나 원하는 부분을 원하는 비트로 바꾸거나, 빠른 계산이나 처리를 위해서 사용된다.

그룹Ⅲ: 09 보물찾기

 **정답**   C) 산 밑

 **해설**

어떤 사진이 보물을 넣기 전에 찍은 사진인지 알아내면, 보물을 넣은 상자를 알아낼 수 있다.

 (모래 사장) 사진이 보물을 넣기 전에 찍은 사진이라면,  (나무 아래, 모래 사장) 사진과  (나무 아래, 산 밑) 사진처럼 3개의 상자가 모두 비워져 있어야 하는데, 1개의 상자에는 보물이 들어 있어야 하므로  (모래 사장)은 보물을 넣기 전에 찍은 사진이 아니고, 보물을 넣은 후에 찍은 사진이다. 따라서 (모래 사장) 상자에는 보물이 넣어지지 않았다는 것을 알 수 있다.

 (나무 아래, 모래 사장) 사진이 보물을 넣기 전에 찍은 사진이라면,  (모래 사장) 사진과  (나무 아래, 산 밑) 사진에 있는 3개의 상자들 중 한 곳에 보물이 채워져 있어야 하는데, 모두 비워져 있으므로,  (나무 아래, 모래 사장) 사진은 보물을 넣기 전에 찍은 사진이 아니고 보물을 넣은 후에 찍은 사진이다. 그렇기 때문에 사진에서 찍히지 않은 (산 밑) 상자에 보물이 넣어졌다고 생각할 수 있다.

 (나무 아래, 산 밑) 사진이 보물을 넣기 전에 찍은 사진이라면,  (모래 사장) 사진과 (나무 아래, 모래 사장) 사진에 있는 2개의 상자에 보물이 없으므로, 사진에서 찍히지 않은 (산 밑) 상자에 보물이 넣어졌다고 생각할 수 있다.

따라서  (산 밑) 상자에 보물을 넣었다는 것을 알 수 있다.

🔍 핵심 주제 및 참고 웹사이트

▶ https://en.wikipedia.org/wiki/Logical_reasoning (논리적 추론)
▶ https://en.wikipedia.org/wiki/Data_integrity (데이터 무결성)

🔍 문제 속의 정보과학

이 문제의 정답을 알아내기 위해서는 논리적으로 추론을 해야 한다.

주어진 3장의 각각의 사진들이 보물을 넣기 전에 찍은 사진이라고 가정한 후, 나머지 사진들에서 논리적 모순이 생기는 지를 확인하는 과정을 통해서 정답을 알아낼 수 있다.

정보과학 분야에서는 데이터의 논리적 무결성과 일관성이 매우 중요하다. 논리적으로 모순이 발생하는 경우에는 데이터가 저장되고 처리되는 과정에서 오류가 발생되었다는 것을 뜻하기 때문이다. 이러한 논리적 무결성은 데이터베이스나 프로그래밍 언어뿐만 아니라, 하드웨어와 소프트웨어를 설계할 때에도 매우 중요하다.

그룹Ⅲ: 10 잉크 전파

☺ 정답 D)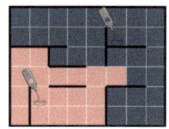

💬 해설

시간에 따라서 아래 그림처럼 색이 퍼져나가게 된다.

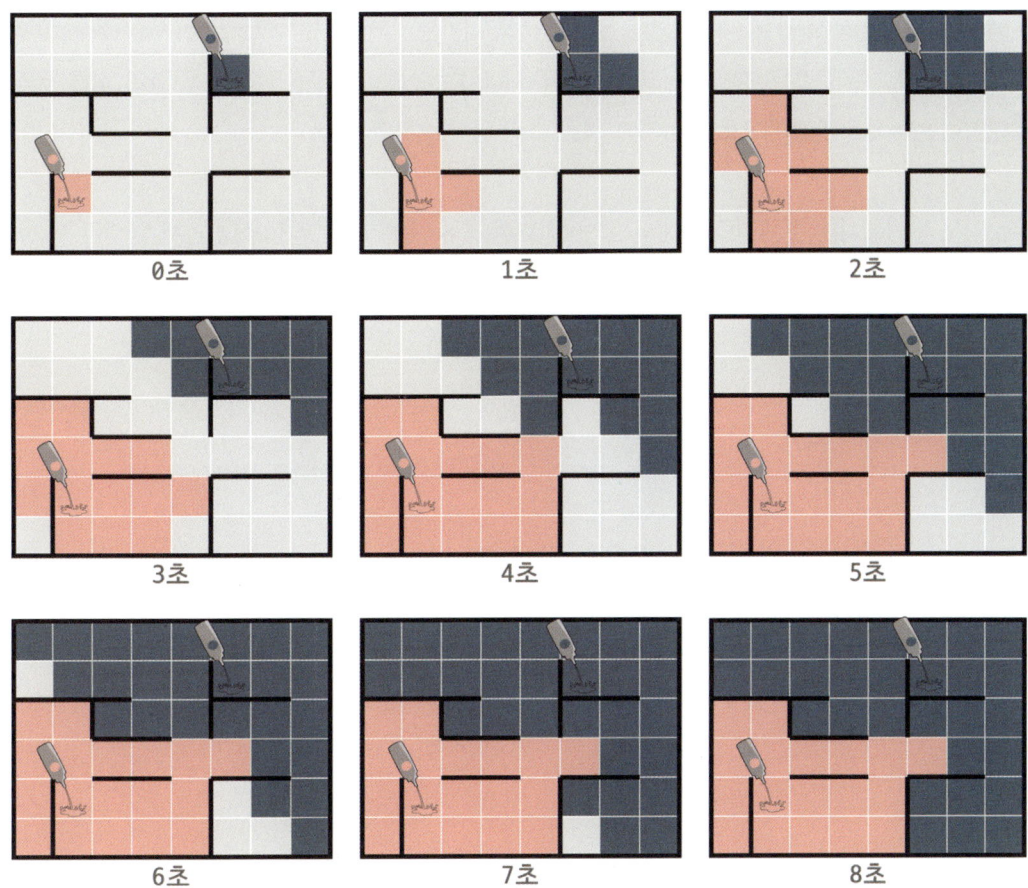

🔍 핵심 주제 및 참고 웹사이트

▶ https://en.wikipedia.org/wiki/Array_(data_structure) (배열)

▶ https://en.wikipedia.org/wiki/Graph_(discrete_mathematics) (그래프)

▶ https://en.wikipedia.org/wiki/Breadth-first_search (너비우선탐색)

🔍 문제 속의 정보과학

이 문제에서는 가로줄(row)과 세로칸(column)으로 표현할 수 있는 2차원 배열(array) 형태의 격자칸에 잉크가 퍼져 나가는 상황을 시뮬레이션해야 한다.

2차원 배열의 각 칸들은 주변의 칸들과 연결되어 있다고 생각할 수 있기 때문에, 각 칸을 정점(노드, 점)으로 하는 그래프(graph)로도 표현할 수 있다.

그래프에서는 어떤 정점에 연결된 다른 정점들을 탐색해 나가는 너비우선탐색(breadth-first search) 방법을 사용할 수 있는데, 주어진 문제에서 잉크 색이 퍼져 나가는 상황은 어떤 정점에 연결된 다른 정점들을 너비우선탐색 방식으로 순차적으로 찾아가며 색을 바꿔 나가는 것과 같다.

너비우선탐색 방법에서는 현재 정점들에서 한 번에 이동할 수 있는 모든 정점들을 먼저 탐색한 후 그 다음 단계의 탐색으로 넘어가는 방법으로 탐색을 진행해 나간다.

비버챌린지 공식 교재 안내

[책 소개] Bebras Korea가 직접 집필한 Bebras Challenge 공식 교재이다. 비버챌린지 문제를 통해 컴퓨팅 사고력을 기르고, 소프트웨어와 정보과학을 재미있고 의미있게 학습할 수 있다.

[이 책이 필요한 사람] 첫째, 컴퓨팅 사고력을 기르고 싶은 사람
둘째, 비버챌린지 참가자

◀ 비버챌린지 Ⅱ
: 비버챌린지로 배우는 소프트웨어(초등학생용)
Bebras Korea 지음 / 정가 15,000원

비버챌린지 Ⅱ ▶
: 비버챌린지로 배우는 정보과학(중학생용)
Bebras Korea 지음 / 정가 15,000원

◀ 비버챌린지 Ⅱ
: 비버챌린지로 배우는 정보과학(고등학생용)
Bebras Korea 지음 / 정가 15,000원

비버챌린지와 함께하는 컴퓨팅 사고와 정보과학 ▶
: 2023년도 기출문제집(초등학생용)
Bebras Korea 지음 / 정가 13,000원

◀ 비버챌린지와 함께하는 컴퓨팅 사고와 정보과학
: 2023년도 기출문제집(중·고등학생용)
Bebras Korea 지음 / 정가 15,000원

비버챌린지와 함께하는 컴퓨팅 사고와 정보과학 ▶
: 2022년도 기출문제집(초등학생용)
Bebras Korea 지음 / 정가 13,000원

◀ 비버챌린지와 함께하는 컴퓨팅 사고와 정보과학
: 2022년도 기출문제집(중·고등학생용)
Bebras Korea 지음 / 정가 15,000원

◀ 비버챌린지와 함께하는 컴퓨팅 사고와 정보과학
: 2021년도 기출문제집(초등학생용)

Bebras Korea 지음 / 정가 11,000원

비버챌린지와 함께하는 컴퓨팅 사고와 정보과학 ▶
: 2021년도 기출문제집(중·고등학생용) [전자책]

Bebras Korea 지음 / 정가 10,000원

◀ 비버챌린지
2020년도 기출문제집(초등학생용)

Bebras Korea 지음 / 정가 10,000원

비버챌린지 ▶
2020년도 기출문제집(중·고등학생용) [전자책]

Bebras Korea 지음 / 정가 10,000원

◀ 비버챌린지
2019년도 기출문제집(초등학생용)

Bebras Korea 지음 / 정가 10,000원

비버챌린지 ▶
2019년도 기출문제집(중·고등학생용) [전자책]

Bebras Korea 지음 / 정가 8,000원

◀ 비버챌린지
2018년도 기출문제집(초등학생용)

Bebras Korea 지음 / 정가 8,000원

비버챌린지 ▶
2018년도 기출문제집(중·고등학생용)

Bebras Korea 지음 / 정가 10,000원

◀ 비버챌린지
2017년도 기출문제집(초등학교 3~4학년용) [전자책]

Bebras Korea 지음 / 정가 4,000원

비버챌린지 ▶
2017년도 기출문제집(초등학교 5~6학년용) [전자책]

Bebras Korea 지음 / 정가 5,000원

◀ 비버챌린지
2017년도 기출문제집(중학생용)

Bebras Korea 지음 / 정가 8,000원